追求卓越

做最好的自己

王锡文◎著

中国出版集团　现代出版社

图书在版编目(CIP)数据

追求卓越　做最好的自己 / 王锡文著. —北京：
现代出版社，2020.6

ISBN 978-7-5143-8710-0

Ⅰ.①追… Ⅱ.①王… Ⅲ.①中学—教学管理—研究
Ⅳ.①G632.0

中国版本图书馆CIP数据核字（2020）第110072号

追求卓越　做最好的自己

作　　者	王锡文
责任编辑	袁　涛
出版发行	现代出版社
地　　址	北京市安定门外安华里504号
邮政编码	100011
电　　话	010-64267325 64245264
网　　址	www.1980xd.com
电子邮箱	xiandai@cnpitc.com.cn
印　　制	北京政采印刷服务有限公司
开　　本	710mm×1000mm　1/16
印　　张	10.75
字　　数	174千
版　　次	2022年6月第1版　2022年6月第1次印刷
书　　号	ISBN 978-7-5143-8710-0
定　　价	45.00元

序言

1991年大学毕业，我来到了伟人故里——中山市，成为中山纪念中学的一名历史老师。在这里，我开启了自己的教书生涯，也开始参与学校的管理。第一份管理工作是学生宿舍生活老师，我几乎全身心地扑在工作上，对学生的管理也非常严格、规范。1992年担任高一年级的班主任，1993年成为政教处干事，1994年任政教处副主任，1997年任分管德育工作的副校长。那个时候，我心里想着学生，全力以赴想办法为他们创造好的成长氛围，促进他们全面发展。非常庆幸那些学生都能理解我对他们的付出，所以管理卓有成效：统一学生校服；将宿舍各项状况纳入文明班的评选标准；首创学校"身边的希望工程"活动，帮助家庭经济有困难的学生完成学业；通过校学生会实现学生自治管理，成立宿管部、生活部，让学生参与学校日常管理等。当时的很多举措如今依然作为学校传统保留着。

刚开始，管理靠的是权威，但在与学生打交道的过程中，我慢慢感觉到，作为生活老师、政教处副主任，管理的对象是学生，学生是成长中的人。担任德育副校长后，面对有思想的学生，我意识到管理重在理"心"，重在引领。多年的德育工作，我最大的收获就是学会了如何与学生相处，了解学生在初中和高中阶段的心理困惑与变化，这为我在以后的管理工作中提出以学生成长为中心的思想打下了基础。

2002年7月，中山市教育局启动校级干部交流活动，我被交流到中山市一中当副校长。2007年2月，我开始分管高中部的教学工作，针对教育教学、学校管理和高考绩效评价体系，实施了一系列改革措施，这些做法在2008年的高考得到了验证，为学校百年校庆献上了一份厚礼。好的教研氛围、老中青同伴互助的方式对科组成员的专业成长至关重要，因此，我主管教学期间特别注重科组建设。"以学生发展为中心，落脚点放在教师专业成长上"，抓住这个思路，我以学校历史科组建设为出发点，申报了广东省中小学教学研究"十一五"规划课题"中学科组（历史）建设指标体系研究"，在2007年得到广东省教育厅的正式立项。围绕本课题及其子课题"构建中学历史学科特色体系的研究"，我发动历史科组教师积极参与、分工合作，鼓励同伴互助，提升了科组的凝聚力和教学能力。2008年，我校历史科组被推荐为广东省中学历史科组建设体系研究的实验基地；2009年，又被评为广东省优秀历史示范科组；2010年，我个人也成为广东省名师和名师工作室主持人。

这一阶段，我收获了宝贵的教学管理经验，也在自我提升和日常管理中，越来越意识到改革求变的重要性。

2011年7月，我参加中山市一中校长公选，面试过程中要应对九位全国各地评委的不停追问。至今仍清晰记得一位专家的问题：你在中山纪念中学从事过管理工作，在中山市一中也从事管理工作，你觉得这两所学校有何不同？哪一所更好？我当时回答：这两所学校都是中山的名校，都有深厚的历史文化底蕴，都有自己的"粉丝"，在中山甚至广东省都有很大的影响力。作为校长，关键是如何去挖掘学校的历史文化底蕴，把学校的优势、特色做好，让学校特色更特，品牌更优。2011年8月，当我被任命为中山市一中校长的时候，我就确定了对学校管理的规划：首先挖掘中山市一中校史，其次传承学校历史文化，最后构建现代的学校文化体系。我成立了校史研究小组，带着校史研究小组成员逐一拜访各届校友，挖掘中山市一中的历史，建设校史馆，提炼出中山市一中前身——丰山书院的条约十则中的"立志、立诚、立品、正学"为学校校训。在中山两所名校都工作过的经历，让我更能了解学生，尊重学生，尊重每一个个体生命的健康成长，于是我提出"追求卓越，做最好的自己"的办学理念，我们不跟别人比，只跟自己比进步。每所学校都有各自的优势，每个人也都有自己出彩的地方，这恰好也符合加德纳的"多元智能理论"。

面对一所有7300多名学生，600多名教师的学校，为避免管理上的迷茫，我决定以课题研究来引领学校的管理，于是我申报了课题"大规模学校发展的管理优化研究——以中山市一中为例"，并被立项为中山市重点课题。关于管理，我始终认为，人的精力是有限的，一个人管五六个人最合适，于是我确立了扁平化管理的组织架构，将学校的管理"化整为零"，实行"小团队，大管理"。为了能够更好地落实各项工作，更好地关注学生和教师的个体需求，我借鉴了多元主体治理理论来对学校进行内部管理优化。多元主体治理让学校的各部门、各组织都成为学校的主人，提升了师生以及家长的主人翁意识。"一个人走路可以很快，但一群人走才会走得远。"这句话让我更加重视团队建设，我提出"方圆合一，专业至上"的管理理念。因为在学校这个教育场域，只有专业才能让每一个管理者更有力量。学校管理，制度先行，我们先后制定了关于"人""事""物"的制度，但仅仅只有制度是不行的，因为我们面对的是每天都在变化的生命、在不断成长的个体，于是机制应运而生。"物质资源终会枯竭，唯有文化才能生生不息。"在传承丰山书院精神的基础上，我注重校园文化建设，营造适合师生生命发展的生态环境；我提出"和雅"校园文化，通过挖掘校史，激发师生的荣誉感、归属感和使命感；我注重环境文化建设，如教学楼和宿舍楼的命名，学校的VI导视系统等。学校的管理理念、价值观念、办学思想以及学校精神等都为这个生命场域提供了最好的生态环境。

学校"因师生的存在而存在，因师生的精彩而精彩"。当我假期在空荡的校园巡查的时候，看到一栋栋空荡荡的教学楼，不禁想起了工厂。学校之所以有别于工厂，就是因为学校不仅仅是一栋栋的建筑物，更是一个生命场域。这是一个生命的"共鸣体"，是人与人之间心灵与心灵的相互沟通，是心声与心声的互相交流，是生命与生命之间的共振，是灵魂与灵魂之间的吸引。教育就是构筑师生成长的生命场域。我一直在寻找一种教育，让师生远离"盲目竞争"，让家庭、学校回归爱与欢乐、尊重与合作，所以我提出"和善而坚定"的教育理念，以人为本，让尊重在教育的前面。在传承学校"一体两翼"的基础上，我提出"培养志存高远、身心健康、有社会责任感、有个性特长的中学生"，以课题"普通中学术科模块小本开发创新实践"推动"1+N"校本课程的全面实施，构建指向学生核心素养的面向全体、关注个体、适性扬才的"志、诚、品、学"课程体系。每个生命都有其自然的成长之道，尊重是教育的秘诀，尊重教育教学规律，尊重学生身心发展规律，尊重个体差异，使每一个学生都能在原有的基础上得到更好的发展，不断"追求卓越,做最好的自己"。在中山市一中这所学府里,我们追求高水平的学术,培养精神高贵的人。

作为一个生命场域,教育专业应该摆在分数追逐的前面,这就需要我们提升每一位教育工作者的专业素养,由此我提出了"教师第一"的理念,只有当学校让教师站在学校中央的时候,才能实现真正意义上的"学生站在学校中央"。在捋顺了学校管理之后,我又开始了"卓越教师工作坊的行动研究",以这个课题研究来引领教师发展,构建"教研培"一体化的教师专业发展体系。因为我明白,没有教师的发展就难以实现真正意义上的学校发展。教师的教育理念和方法、教师的人格修养和心理健康状况以及师生人际关系和团队精神才是让学校实现跨越式发展的关键。如今学校已经有五位正高级教师、三位特级教师,一批教师参加广东省青年教师教学技能大赛脱颖而出,取得优异成绩,更重要的是学校营造的文化自觉的氛围让每位教师都在努力工作,争做"爱生敬业、好学善教、有教育理想的教师"。

2014年,我先后成为中山市名校长工作室和广东省校长工作室主持人。在与跟岗校长一起研习的过程中,我不断梳理自己的办学思路,不断完善办学实践,丰富课程体系。一路走来,非常感谢在我成长路上的导师,是他们给我指点迷津,让我在学校管理的路上越走越顺畅。十四年的副校长经历、八年的校长经历让我对校长职业有了更深刻的理解,"让每一位学生都有特长,让学校成为师生、家长、校友共同的精神家园"是我一直的追求。

生命就是这样一个过程,一个不断超越自身局限的过程。在这个过程中,我们遭遇挫折,感受成长,从而感受到幸福;在这个过程中,我们每个人都不断追求卓越,做最好的自己!

我将这段工作的点滴集结起来,加以付梓,作为自己成长路上的一段记忆。

写于2020年元旦

目录

第三章　方圆合一，专业至上的管理 \ 29

第四章　指向核心素养的课程 \ 61

第七章　做最好的教师 \ 145

第一章

寻找学校的底蕴

　　一所学校的真正魅力在哪里？但凡对教育有思考的人，必会毫不犹豫地回答："文化底蕴。"的确，不凡的教学成绩、优美的校园环境和浓厚的学习氛围等，固然都是吸引师生的介质。然而，我认为良好而厚重的文化底蕴、共同的价值取向和凝聚力，才是一个学校不断发展的动力，也是学生向往、家长选校的重要因素之一。

　　文化底蕴从哪里来？对于一个历史悠久的学校来说，要究其文化底蕴，就不得不追根溯源了。我所在的中山市第一中学（以下简称中山一中或一中），发轫于三百多年前的铁城义学，传承于1748年增建的丰山书院，至今已有几百年历史。岁月的沉淀在她的身上烙下或深或浅的印迹，这些印迹绘就了学校的历史画卷，也形成了学校独特的教育特色，彰显了丰厚的文化魅力。

文化之"根"

百年名校，源远流长，抚今思昔，追根溯源。从1692年的铁城义学到1748年的丰山书院、1908年的丰山官立中学堂，再到现在金字山下的中山市第一中学，这所学校在沧海桑田的历史变迁中历久弥新。中山一中是几经变迁的百年老校，其文化底蕴可谓深厚，关键是：如何在历史中传承，又如何在传承中发展？我认为，唯有寻根溯源，以文化化人，才能让百年名校之源持续润泽万千学子，才能使其深厚的文化底蕴一脉相承，不断引领一代又一代的一中人，铸就别具一格的一中魂。

1998年，中山一中老校迁新址，高中部搬迁至中山市东区金字山下，虽迎合了现代化教育的发展，连廊、楼舍设施设备较为完善，却难免丢失了一些历史韵味。参加工作后的第十一年（2002年），我交流到这所充满现代化气息的百年"老"校任教。没有参天大树装扮的林荫古道，也没有阐释沧桑的历史建筑，初到中山一中时，我只能通过文字、网络上的学校介绍获知一些校史沿革信息。和我同时期走进中山一中的同事以及学生，或许能感受到一点百年名校文化的浸润，但对学校的历史谈不上了解。至于在1998年前毕业的校友，他们记忆中的母校仍然是孙文路上、铁城墙边那座静谧的校园。老校友们平时聚会或者参与校庆活动，往往会回到石岐老城区旧址，在那里合影、畅聊，再续同窗之情。不难发现，即便新校区的校舍恢宏大气、设备齐全，但许多中山一中的校友，心底却依然对老校区有着割舍不断的牵挂和情怀。

2009年，中山一中初中部也搬迁到金字山下，新校区虽然专门建造了钟楼的连廊仿古建筑，但缺失了记忆中母校印迹的新校园，无法留住校友们探访的脚步。而老校址的他用，更是让校友们不胜唏嘘。游子思乡时，再也不能随时回去转一转，再也难以重温一回学生时代的美好时光。

历史的车轮滚滚向前，沧海桑田的巨变之下，老校友对母校的情怀将于何处安放？

在不断的探究下，在与校友们的多次对话中，我有了一点感悟：校友们对母校的归属感与自豪感并非只是学校的日益壮大和各项成绩，更多的是一份深深藏在记忆里的一中百年来教化育人的历史传承和念想。母校，对于师生、校友而言就是另一个家。而老校迁新址，就像是家族喜迁新家一般。但对于我们这些离开老家的游子来说，无论漂泊多久，无论身处何方，家始终都是我们心灵的归属。这也许就是人们常说的"根"。只有"根"在，飘零在外的"叶子"才有归属感；只有"根"在，其生命成长才能延绵不断。所以，一所学校需要"根"，才能让其文明教化源远流长，生生不息。

"根"在哪里，"情"就在哪里，归根结底，这就是文化底蕴的积淀和传承。

自建校以来，中山一中的校址一直在孙文中路老城区，百年来从未迁移，学校的"根"就在那里。纵然校容校貌随着时光而有所更替，但根植于那个地方的文化之源却从未间断，老校友们对老校区的感情也无法割舍。由此可见，一所学校的校址变迁，不仅是校区的更换，它还蕴含着学校的文化之根，深系着万千学子对母校的深厚情感，甚至联系着学校与所在地区的文明教化的渊源。老城区狭小的校园早已不能满足教育教学活动日渐增长的需求，学校搬迁也是顺势而为。在这一发展趋势下，如何能让新校区继续传承学校原有的校史文化，让校友们即使在新校区也有归属感？"物质资源终会枯竭，唯有文化才能生生不息。"只有文化的可持续发展才能支撑学校的可持续发展，唯有让新校区重新焕发中山一中独有的历史韵味，使其在历史传承中发展壮大，这样的母校，才是万千一中人心有所属的归依。

2011年，我通过公选成为中山市第一中学的校长。为了能让学校的百年文化得到更好的传承和发展，我成立了中山市第一中学校史研究组，系统追溯中山市第一中学创校三百多年来的历史沿革。校史研究组成员通过各种渠道查阅历史资料、走访校友，逐一记录、还原这所百年名校的校史、校情，厘清这所百年名校的发展脉络，寻找维系和支撑这所百年名校的精神。

据档案资料记载，中山一中源起于1692年（清康熙三十一年），知县孔衍梅在南门达德街文昌庙侧创办了铁城义学（丰山书院的前身，中山市第一中学的最初由来）。

1748年（清乾隆十三年），知县暴煜增修铁城义学并将其易名为"丰山书院"（学校旧址），创建讲堂五间，并购置经史图籍，供教学用，且方便学生借阅。1896年（清光绪二十二年），香山仿照西方设立学堂，将"丰山书院"改为"丰山官立高等小学堂"，这是香山历史上最早设立的小学。1908年（清光绪三十四年），易名为"丰山官立中学堂"，实行现代教育体制，开启中山现代教育之端。这是香山县的第一所中学，也是我校建校历史的开端。1912年，改名为"香山县立中学"。1925年，孙中山先生逝世，为了纪念这位伟大的革命先行者，香山县改名为中山县，学校也改名为"中山县立中学"。1949年12月27日，中山县军事管制委员会派出以刘秉楷同志为首的军事代表小组接管学校，故中山市第一中学的校庆日就定在12月27日。1953年，石岐设省辖市，学校改名为"石岐市第一中学"。1959年，石岐归并中山县，学校改称"中山县石岐镇第一中学"。1962年6月，学校被广东省教育厅确定为省重点中学。1973年，学校改名为"中山县石岐第一中学"。1981年，"石岐第一中学"被省教育厅列为全省107所市县重点中学之一。1985年2月13日，"石岐一中"更名为"中山市第一中学"。

1998年、2009年，中山一中高中部、初中部相继从石岐老城区搬出。新校区地处中山市东区金字山下，傍山就势，绿树芳飞，自然环境十分优美，是一个适合学生静心读书的好地方。

在收集学校历史资料的同时，我也在不断思考：中山一中的核心文化到底是什么？

还记得初到中山一中时，我时常看见不少"挑战权威"的学生。他们或是直面班主任、年级级长乃至校长侃侃而谈，说出自己的见解；或是执笔写下一封封信函，投递到"校长信箱"，提出自己的疑惑。我惊讶于学生们善于思考、敢于直言的举动，也佩服师长们的宽容大度，更重要的是，中山一中民主、平等的氛围让我耳目一新。后来，在参与校史研究小组的史实资料整理工作后，我才发现，原来这一切都是传承自中山一中发展史中沉淀下来的、优秀的文化涵养。

薪火有后继，英才代代传。据校史资料记载，中山一中曾是林则徐谋兵布阵、发动禁烟运动的驻节之地，是抗日先锋队独立支队的诞生地。中山一中曾走出了中国共产党早期著名领导人杨殷和一批活跃于南粤大地的民主革命播火者……这些根植于学校文化中"自由、民主"的意识、"自信、自强"的精神以及"不怕吃苦、敢于奉献"的担当，在潜移默化中引领着一代代青年学子茁壮成长，这也是中山一中学子为何具有自信、民主、责任与担当的最好佐证！

时光荏苒，世代更替。中山一中始终跟随着时代的变化而变化，无论是动荡不安、战火纷飞的革命战争年代，抑或是如今盛世太平、岁月静好的流年，她在三百多年的历史长河中始终屹立，在中山（古香山）地区持续教化育人。如今，尽管学校搬迁，规模扩大，但是学校的历史并未断裂，仍一脉相承地影响着一代又一代优秀学子。无论是遍及五湖四海、涉及社会各行各业的校友们，还是深入中山一中校园、走近中山一中的师生们，他们都有一份不事张扬中的铮铮风骨、勇于创新中的笃定理性、彬彬儒雅中的鲜明个性；他们都身体力行地向外界展示着一中人的气质与风采，在传承与发扬中沉淀着一份属于一中人的信仰和信念……这一切都离不开中山一中独特的文化底蕴的熏陶。

一中之"魂"

校训，作为广大师生共同遵守的基本行为准则和道德规范，可以说是一所学校的灵魂。它不仅体现了一所学校的办学传统和教育理念，更是一所学校人文精神的凝结和历史文化的沉淀。初到中山一中时，"勤学、多思、严谨、进取"八字校训醒目地镶嵌在学校高中部的正门大门楼背面，时刻激励着中山一中的师生奋发进取。在发掘学校校史的过程中，校史研究小组得知了这八个字的最早来源。1992年12月，中共中央顾问委员会委员任仲夷老先生亲临中山一中视察工作时挥毫写下了此题词。从此，它便被确立为学校校训，这八个字的校训符合引领青少年学子成长的要求。但在学校溯源的过程中，校史研究组成员一次又一次地查阅资料，在校史中找到了学校从古至今一脉相承的精神追求和治校精神，而这些对于一所具有三百多年历史的学校而言，不仅能彰显中山一中薪火相传的历史传承，更能展示出中山一中三百多年沉淀下来的文化韵味。

根据乾隆年间的《香山县志》记载，乾隆十三年（1748），知县暴煜在铁城义学旧地，即达德街文昌庙侧前修建了讲堂、校舍和廊房，并且买下文昌庙东侧空地，建起东西斋舍二十间，南北轩各五间，北曰"寻乐斋"，南曰"鉴亭"。两旁还各建廊房三间。随后又购下学前民居，创建讲堂五间，名为"毓秀堂"，堂后坐落有"居敬斋"。此后学院不断扩建，其建筑规模宏大可居香山书院之首。在"菊花状元"黄绍昌①为丰山书院主讲期间，书

---

① 黄绍昌（1836—1895）：清书画家、藏书家。字芑香，广东香山良都（今中山市）人，同治十三年（1874），菊花会征诗，所作诗文名列前茅，有"菊花状元"之称。

院内还曾有一间专用于藏书的"寿香楼"。这位毕生致力于经史研究的饱学之士虽家境清贫，却将大部分薪俸捐献出来，用于购置经史图籍，供教学使用，且方便学生借阅，打破了"秘而不宣、藏而不用"的惯例。从清乾隆至同治期间，香山县共建有书院二十一所，丰山书院无疑是当时本地最具影响力的学府。丰山书院不仅是香山县内的一大建筑地标，它还是两件香山县重大历史事件的见证者：清嘉庆十五年（1810），广东总督百龄在此驻节，代表朝廷招安了横行珠江口的江洋大盗张保仔；清道光十九年（1839）农历七月初八，虎门销烟的钦差大臣林则徐统兵驻入香山县城，也把行营设在其中。

有资料称，丰山书院学生曾"集合附课者三百二十余人"，香山县内，"弦诵之声遍于四野"。为巩固政权，笼络汉儒，乾隆实行了"优礼文士"政策，一度受到抑制的书院又重新兴盛起来。然而，清代的书院多为考课而设，为科举服务，其教学内容以四书五经等为主，丰山书院也不例外。当时的知县暴煜对童生立条约"十则"：一立志，二立诚，三立品，四正学，五明经术，六攻史学，七屏外务，八戒虚声，九正文体，十习书法。

为传承书院精神，专家们建议选取丰山书院条约中的前四则作为学校的校训。校训作为一个标尺，激励和劝勉在校师生，对师生的日常行为规范有着指导意义，更是在校师生的价值追求，也是一中人的追求，因为它代表着一所学校一脉相承的文化底蕴和育人理念。丰山书院的条约既有宏观要求，又有具体指导，特别是"立志、立诚、立品、正学"，内容丰富，涵盖了修身为学、处世为人的核心价值取向，与百年办学传统一脉相承，与社会主义核心价值观高度契合，内容之间既独立成训，又启承相接，有严密的内在逻辑联系。

立志，"心之所之谓之志"，它指一个人内心坚定的信念；"学问事功皆由志始，志乎上则上，志乎下则下"，一个人志向的远大决定其学习与做事的抱负与行动；"时移而志不移也，穷守其道至达不变，遇殊而志不殊也"，它强调将志向付诸实践的坚强意志和为之孜孜以求、坚韧不拔的决心与勇气，即所谓树立志向抱负以及怀有实现理想的决心与勇气。"志，意也。"①"志，德义之府也。"②"夫志，气之帅也。"③"三军可夺帅也，匹夫不可夺志也。"④由此可见，立志，当是树立远大理想，更是唐代诗人李贺诗中所云"少年心事当拿云"。习近平勉励全国广大青少年要志存高远，增长知识，锤炼意志，让青春在时代的进步中焕发出绚丽的光彩。

立诚，即所谓以诚信立身，也包含为人诚朴真实，有求真求实之意，为做人、做事、做学问之根本。"诚，信也。"⑤"诚者自成也。"⑥《易传·文言》中有"修辞以立其诚"，意为修身进业以诚为本，言必有信，学必成行，行必有果。革命家习仲勋少年时代就读于立诚中学，寄语学子以诚修身进业报国。诚信也是社会主义核心价值观之要义。

立品，为修身立身之根本，以及高标准的品性追求。即所谓拥有高尚的道德情操和行为以及对美德品性、美好生活和美丽人生的执着追求。品，为德，即德之高者；品，亦为品性、品行，即美好的道德操行，为人之本性和为人处世之道；品，亦作品位，高雅的情趣、高贵的节操和做人做事的高品质追求。立品，即为修身进业、处世为人所循之大道。"德者，本也。"习近平强调，道德之于个人、之于社会，都具有基础性意义，做人做事第一位是崇德修身。他勉励青年学生要修德，加强道德修养，注重道德实践。

正学，即所谓修正道之学问，讲究学法，端正学态，追求纯正学风，是学校师生生存发展和学生为学的题内之意，是达成目标的方法与途径。古人云："学，识也。"⑦"好学近乎知。"⑧"学而时习之。"⑨"公孙子，务正学以言，无曲学以阿世！"⑩此外，《尚书·大传》中说道："学，效也。

① 许慎.说文解字［M］.北京：中华书局，2013.

② 左丘明.国语·晋语［M］.陈桐生，译注.北京：中华书局，2016.

③ 方勇译注.孟子［M］.北京：中华书局，2015.

④ 陈晓芬译注.论语［M］.北京：中华书局，2016.

⑤ 许慎.说文解字［M］.北京：中华书局，2013.

⑥ 陈晓芬，徐儒宗译注.论语、大学、中庸［M］.北京：中华书局，2015.

⑦ 徐复.广雅诂林［M］.南京：江苏古籍出版社，2015.

⑧ 陈晓芬，徐儒宗译注.论语、大学、中庸［M］.北京：中华书局，2015.

⑨ 陈晓芬译注.论语［M］.北京：中华书局，2016.

⑩ 司马迁.史记·儒林列传［M］.北京：中华书局，2011.

近而愈明者学也。"刘开也曾于《问说》中提出"学即继以问也"。学校为进学之所，学习是学子的核心任务。正学，既表示讲求真知，学习正道学问，又包含要有科学的学习方法，有孜孜探究的勤学上进的学态，也包含培育严谨纯正的学风。

2013年，在制定学校中长期发展规划时，参照专家们的建议，我们将"立志、立诚、立品、正学"的丰山精神作为学校校训写进了学校文化建设工程里。校训的"回归"，成为新时代中山一中传承厚重古朴的书院文化的特写。从清康熙三十一年（1662）到21世纪，从斑驳的城墙到高耸挺拔的白砖，从丰山书院到中山市第一中学，虽少了昔日的历史印记，却多了一份从容坚实。中山一中将以一脉相承的书院文化构筑起属于学校的文化桥梁，让其成为学子们成才的土壤，成为展示学校魅力的名片，成为学校的灵魂和支柱！

永恒的记忆

悠悠岁月，赫赫史册。"我是谁？我从哪里来？要到哪里去？"这一耳熟能详的人生追问同样适合对学校发展的现实思考：中山一中有着逾百年的办学历史，学校深厚的文化积淀、优良的校风、辉煌的办学成就及市民的口碑都是推动其不断发展的宝贵财富。在这种情况下，中山一中又该如何看待故我的历史，如何考量今我的现状，如何定位未来之我的转型发展呢？

记得2008年的冬季，适逢中山一中百年校庆。无论是奋斗在南粤大地的校友，还是远在世界各地的校友，他们都踊跃应邀，喜归母校。中山一中百年庆典仪式在新校区举办，那一天，金字山下，鼓震苍穹喜庆百年，万千桃李荣归母校。但我发现，很多校友在新校区参加完庆典活动后，都不忘到孙文中路的老校区去转一转，走一走当年走过的校道，看一看当年浇过的花草，在古老的钟楼前合影留念，在当年的教室里徘徊流连，在古朴的校舍间穿行……在孙文中路的绿树掩映中，老校友们寻找着他们曾经的共同记忆。

历史发展，时代变迁，中山一中的旧校址已作他用，也许有一天它终将消失在历史的长河里。但是，如何让老一中人在新校区找到曾经的亲切感与归属感呢？如何让世世代代的一中人，在纵横百年多欢宴之后，再续万千桃李不了情？这些都激发了我对学校文化建设的思考。

新形势下，为进一步增强教育的文化自觉，提升学校的核心文化，更好地弘扬中山一中精神，也为增强老校友对母校的认同感和在校学生的凝聚力，寻求"传统、现代、本土"的结合点，让校史"实物化"，让其更具意义、更富内涵，使其成为校园文化的重要组成部分，我觉得很有必要在新校区建一个校史馆。唯此，方可让中山一中悠久的办学历史得以重现，让一中精神得以传承。从此，校史馆成为中山一中文化传承的原点。

2012年，根据学校中长期发展规划，中山一中启动建设校史馆，把学校有价值的历史资料以肉眼可见的方式展示出来，让学校悠久的文化和办学成果得以传承。秉承这一理念，学校校史研究组成员在深入研究学校历史档案并实地考察各大名校校史馆后，确立了校史馆以时间轴为主线，以学校发展的古代史、近代史、现代史三大板块作为主要脉络对校史进行梳理和丰富。为了能让中山一中的校史更加完备，我们特地增加1692年铁城义学和1748年丰山书院的历史，全面还原中山一中创校三百多年、建校一百多年的历史沿革。

中山一中的前世今生尽在一馆之内、一日之间。踏入校史馆，中山一中三百多年的历史画卷徐徐展开，浓浓的文化韵味缓缓散发。校史馆通过图文资料介绍和珍贵藏品展览的方式，展现了学校创校三百多年来的发展史。从清朝到民国，从抗日战争到解放战争，从中华人民共和国成立到如今飞速发展的时代，中山一中在教育体制、育人理念以及教育成绩等各方面的史料一一展现。为了让一中学子都能在这里找回自己的记忆，校史馆还在有限的区域中增设"无限的空间储存"功能，通过挂壁式触屏平板电脑平台收录历届校友的资料，如座位表、毕业照、各届校友聚会活动的照片等，尽可能地还原最初的记忆，突出历史的真实印记。校史馆不仅是对学校发展历程的反映和总结，更是一部生动感人的、具有教育意义的历史教材。可以说，校史馆将学校历史、文化公布于众，收藏、研究、陈列、展览学校三百多年发展历史的同时，也是学校研究和产生办学思想、汲取和完善一中精神、积淀和创造学校文化的摇篮，它是为学校办学思想不断发展提供活力的源泉，是构建学校特色文化的重要支撑，是激励师生共同成长的土壤，是对师生开展德育、人文教育的重要场所。

2013年12月27日，中山市第一中学迎来盛大的105周年校庆嘉年华活动。这一天，中山一中校史馆正式对外开放。喜庆母校华诞的一中校友，和全体师生一起，共同见证了开馆的历史性时刻。这一天，600平方米的校史馆里人头攒动，充满欢声笑语。校友们走进这片承载着一中人梦想的独特天地，去寻找自己当年的青春足迹，去品读中山一中几个世纪的辉煌历史。从三百多年前的铁城义学到丰山书院，到丰山官立中学堂、中山县立中学，再到如今的中山市第一中学，一页一页的历史，一层一层的文化积淀，让人回味，让人赞叹。尘封的历史，已成为过往，但丰厚的文化土壤、丰富的精神养分，却依然滋养着一代又一代一中人的心灵。

细数弹指一瞬，顿生昨日情愫。这是当日令许多老校友难以忘怀的一刻。他们走到触摸屏前，在讲解老师的指引下，满怀好奇，亲手点击屏幕。层层点击之后，老校友们眼前一亮：老照片出，芳华立现！这如同揭开了历史的面纱，打开了青春记忆的大门！指尖微颤，老照片滚动，一张又一张，张张都是青春的印记：那些年在校生活学习的剪影、那些年的座位表及同桌的你、那些年的严师……此情此景，令无数校友激动不已。当年在校学习和生活的情景禁不住在心头涌起，几十年前的校园生活历历在目，再一次冲开记忆的闸门，让人回到当年的青葱岁月……

那一天，校史馆里，当听到校友们的欢乐笑声时，当看到校友们、退休教师们感动的泪水时，我心里只剩下甜，我会心地笑了。校史馆是新老一中人共同的根，有着一中不灭的记忆……这里，让一中人都能"寻到根"，让一中人都能"生出情"，亲切感油然而生，感受到母校这个大家庭的温暖；这里，让学校的传统文化浸润在悠长的历史之中；这里，向外界展示着学校的校史、校情，让人感知到学校厚重的历史底蕴、文化积淀和精神传承。

校史是学校在岁月流逝中留下的光影，校史馆是历史无声的感言和有声的汇报，更是一所学校历史发展脉络的呈现和文化底蕴厚度的表现。回眸学校的发展历程，时代带给学校的不只是和煦的阳光，更有风雨的洗礼，这些都是一所学校在发展过程中难能可贵的精神财富。

沧海桑田，弦歌不辍。每一次步入校史馆，我都会不自觉地放慢脚步，一步一回首，再顾生慨叹。经历了漫长岁月变迁的学校历史虽已被浓缩成一段段精简的文字、一张张老旧的照片，但它们依旧默默地诉说着这所学校的成长故事。它就像迎风的蒲公英，带着那份学校特有的历史基因和发展轨迹随风播撒，随后在人们心中生根、发芽、茁壮成长；也像一位贴心的园丁，为学校传统文化的传承与发展提供了肥沃的土壤；更像是一部有声、有画、有藏品的故事书，讲述着那些关于学校百年风雨变化的跌宕起伏……

钟楼的故事

暑假的一天，我接到一个特别的投诉电话，是一位老校友打来的，他无比痛心地跟我反映：中山市电大计划把旧中山一中的标志性建筑——钟楼的楼顶拆了，现在已经有动工的迹象。中山一中老校区早已由市政府调拨给中山电大使用，不再归属中山一中。但出于一中人的责任心和母校情，我还是把老校友的话转达给了上级领导。上级领导十分重视，立刻调查。后来才发现是虚惊一场，原来中山电大并不是要拆掉钟楼楼顶，而是对其进行维修。此次事件反映了校友们对老校区的时刻关注，我也意识到了钟楼在一中人心中的重要位置，也意识到只有传承钟楼文化，讲好钟楼故事，才能让新老一中人找到共同的话题与记忆。

时光荏苒，在石岐孙文路的老校区，钟楼依旧是最醒目、最具特色的经典建筑，它见证了中山一中近百年来的发展历程。钟楼是一中人回忆中不可磨灭的印迹，因为钟楼伴随并见证着他们走过人生中最美好的青春年华。

岁月不居，时空流转。"铛、铛、铛……"上课钟声响起，校园中开始回荡琅琅书声；"铛、铛、铛……"下课钟声响起，校道上满是莘莘学子的欢声笑语……在那段岁月里，为这所学校定调的不仅有朝气蓬勃的青年学子，还有那钟楼上传来的厚重且富含韵律的钟声。

对于一中人而言，钟楼不仅是一座建筑，更是一中人的精神象征！钟楼的剪影镌刻在中山一中的校徽上，铭刻在每一个一中人的心中！我们在中山一中校史馆中专门开辟了"钟楼专栏"，隆重而详细地介绍了中山一中钟楼：始建于1929年的钟楼，是一栋两层半连廊的12柱9洞的仿欧式校舍，其中有一座七角亭称为"程藻辉纪念亭"。程藻辉，字霖，号辉如，1865年出生，南朗安定村人。20岁赴檀香山从商，取得巨大成功，被檀香山商界奉为

"泰斗"。1918年，程藻辉把生意交由长子料理，回到故乡，捐出巨资，建成当时全县最大的女子师范学校。为纪念程先生的善举，当时女师校方在校园内建了一座七角亭，并命名为"程藻辉纪念亭"。随着历史的变迁，原来的女子师范学校已经停办，而其原址成为县立中学校园，七角亭也没有了踪影。为了纪念当年程藻辉先生的善举和传承其爱心，县立中学在1929年落成的钟楼上建了一个"程藻辉纪念亭"。数十载寒暑，中山一中的学子都在钟楼内的课室上课、学习，后来学校的办学规模不断扩大，班级数目日益增多，但毕业班的学生依然在钟楼的教室里上课。钟楼，陪伴着一批又一批一中学子苦读；钟楼，见证了一届又一届一中学子成才；钟楼，谱写了数十万师生共同奋进的绚丽华章。

弦歌不辍，钟声不断，百年悠扬。

2007年，市委、市政府在金字山西侧开始兴建新初中部时，充分考虑到海内外校友的"钟楼"情结，在新校区仿照老校区的钟楼复制兴建了一座钟楼连廊建筑。新校区的钟楼虽然没有配置课室，也不再是教育教学的主要场所，但它是一中文化的物化载体，是一中人的情感载体，蕴含着更丰富的文化内涵。续写好钟楼的故事，其实就是在续写让新老一中人都能记住钟楼的故事，更是续写中山一中持续发展的宏伟华章！

2017年，109周年校庆即将来临，为了迎接次年的建校110周年大庆典，学校做了一些特殊的准备。首先，向全校征集《一中人誓言》。在全体师生的共同努力下，带有一中特色的誓言最终定稿。12月27日上午10点，109周年校庆仪式开始。受邀的校友代表、部分老教师以及全体师生，逾万人齐聚钟楼，一起迎接和见证这个神圣的时刻。庆典仪式上，老校友代表率先敲响大钟，"铛、铛、铛……"雄亮的钟声响起，响彻校园，全场沸腾起来。校友们、老教师们含着热泪和全校师生齐诵《一中人誓言》，齐唱中山一中的校歌。歌声嘹亮，深深的一中情在一中人心中激荡着，一中梦在母校华诞来临之际再度扬帆起航。金色的阳光照耀着金字山，中山一中在沸腾……

有了建校105周年时兴建的校史馆做铺垫，加上109周年校庆的精彩前奏，2018年的建校110周年大庆典得到了很好的筹备。2018年12月27日，激动人心的时刻终于到来了。早上8点半，年逾百岁的何蔚高校长已经抵达一中校园。虽然年事已高、行动不便，但是何校长坚持来到一中庆典现场，因为这一天是中山一中110周年校庆！因为这是他心心念念的中山一中！当何校长坐着轮椅，由家人护送入校时，老校友们都激动起来。何校长所到之处，嘉宾们不由自主地让出一条路来，满怀敬意地注视着、目送着他。岁月流转，人事更替，虽然很多人都已不认识，但是何校长一一微笑致意。看，那依旧慈祥的笑容、分外明亮的眼神、微微颤抖的双手，都在偷偷地告诉我们：我们的老校长为何如此激动，那是因为他无比地热爱着我们的母校啊！庆典仪式上，曾任和现任的四位一中校长齐上钟楼，主持鸣钟礼，16000多人齐集钟楼，一起聆听钟楼的钟声，一起朗诵《一中人誓言》，一起高唱一中校歌……16000多新老一中人，用这样一种特殊的方式，为母校110周年华诞送上深情无比的祝福，共同续写着百年校史上一中人和钟楼的感人故事。

一百多年来，钟楼的故事是一代代一中人的永恒记忆，没有尽头，一直在延续……从110周年校庆起，中山一中的校庆礼、初中成长礼、高中成人礼等庆典活动都在钟楼前举办。钟楼，见证着一代又一代一中学子的茁壮成长！每次庆典，钟楼内外，钟声雄浑，歌声嘹亮。除了升国旗、唱国歌，我们还齐诵《一中人誓言》，唱一中校歌。丰富多彩、主题鲜明的活动以及在钟楼前演绎的那一幕幕感人的场景都让钟楼的故事越来越丰富、越来越有内涵与情怀。

时光飞逝，钟声回响，激荡着一中人的灵魂。钟楼作为中山一中的标志性建筑，见证着学校近百载的砥砺奋进，它还以默然的姿态连接着古今，承载着无数学子的情感与回忆。历经岁月洗礼，钟楼依旧矗立，它陪伴着千千万万中山一中学子走过最美的青春年华，将属于中山一中的历史文化在时间的流逝中继续不断传承与延伸。钟楼，让老校友有归属感，让新一中人有凝聚力，让所有一中人有共同的话题。或许，新校区的钟楼不如旧钟楼的历史悠久，但它始终代表着一份传承与回忆，是一中人的精神与情感载体，纵使时光的齿轮不停转动，但钟楼永不褪色，始终都是我们一中人心中不可替代的母校情结。

光阴如梭，世代更替，唯愿这百年名校最初生成的基点——钟楼，在这岁岁年年中更加光耀熠熠地永存一中人的心中！

第二章
学校存在的价值

"我思故我在"，法国哲学家笛卡儿如是说。那一个夏天，正是我担任中山一中校长后的第一个暑假，适逢行政值日，巡视校园，当我走在这个宽广美丽却显空旷的校园里，突然有一种说不出来的感受。慨叹？伤感？穿过静谧的钟楼，缓步走在教学楼间空荡荡的回廊，只听见我一个人的脚步在回响着。

此情此景，令我不禁想起了2001年带学生去英国参加夏令营的情形。

那一年，我们抵达英国时，正值当地学校放假。到了夏令营地点，看着设备齐全、美丽典雅的校园，我初以为那是夏令营主办方的专业培训学校，后来才知道，那只是主办方租用学生已放假的学校的场地。后经了解得知，这在当地是一种普遍现象，每逢学生放假，校方都可以出租场地，以提高其利用率。原来如此，不得不说整个英国的学校校舍以及设备的利用率是很高的。也就是这样一个联想，一个关于"学校存在的价值"的问题陡然出现在脑海里，让我的心不禁一颤。

原来，没有学生存在的校园只是一组景色宜人的建筑群或是一片待租的"厂房"。只有学生在学校，学校才散发着生命的活力，洋溢着青春的气息。学校因学生的存在而存在，因学生的发展而发展，因学生的精彩而精彩。

学校，因学生的存在而存在

学校，源于学生，终于学生。学生的健康成长应是学校一切工作的出发点和落脚点。因此，学校的根本追求是学生的成长和发展，学校的使命是帮助每一位学生获得发展，着眼于每一位学生潜能的开发和特长的发挥，为其终身学习和幸福生活奠定基础。

我认为，为学生而存在的学校，首先要按照教育规律办学。什么是教育规律？《浅谈教育的基本规律》一文中提到，教育如果背离了受教育者身心发展的实际情况，那么，受教育者就得不到应有的发展，同时教育也就违背了社会主义教育的基本宗旨。所以，尊重教育的规律首先要表现在尊重生命、促进学生的身心发展上。

20世纪以来，美国进步主义教育家杜威主张"儿童中心主义"，提出"教育即生长""教育即生活""学校即社会"，引起人们对生命发展教育的关注。陶行知先生从他的老师杜威那里得到启发，在中国创建"生活教育"，并且把老师的教育理念反转过来，提出"生活即教育""社会即学校"。他们两人的理念是一致的，就是关注生命发展，不过在方法途径上不同。北京师范大学教授、教育家顾明远先生认为，教育的本质就是生命教育。生命教育是认同个性差异，注重个性发展，强调特色培养的教育。每个人生而不同，每个人都会有不同的智能组合，每个人也都会有自己的精彩。基于此，我们提出了"追求卓越，做最好的自己"的办学理念。"追求卓越，做最好的自己"就是尊重生命，尊重生命的差异，它意味着对自我的认识与要求，实现自我发展的极致，追求自我提升的极限，让自我永远处于完善与突破的动态追求中。生命教育既关乎人的生存与生活，也关乎人的成长与发展，更关乎人的本性与价值。每个人的生命都有"长度、宽度和高度"，自然属性的生命，决定着人的生命长度。社会属性的生命，决定着人的生命宽度，它是以文化为内核和根基，从零开始不断拓展的。精神属性的生命，决定着人的生命高度，它并非纯粹指人在成功的顺境中所能达到的高度，也包含人在失败的逆境中所处的低谷，因为生命的深刻体验和灵性的深层次激发，也构成了富有意义的生命高度的一部分。生命长度、生命宽度和生命高度统一在一起，共同凝结成了人的生命亮度，即个体生命"我之为我"的生命亮点。《左传·襄公二十四年》载有"大上有立德，其次有立功，其次有立言，虽久不废，此之谓三不朽"。"立德"即为我国古代所谓的"三不朽"之首，即建立德业，高于建功立业，更高于著书立说。把"立德"摆在第一位，是因为万事从做人开始，道德之于个人、之于社会都具有基础性意义。德国著名教育家赫尔巴特说，教育的唯一工作与全部工作可以总结在这一概念之中——道德。道德是一个极其广泛的概念，一个有道德的人一定是一个有社会责任感的人。结合学校的发展特色，2012年在制定《中山市第一中学中长期发展规划》时，我将学校的培养目标定为"培养志存高远，身心健康，有社会责任感，有个性特长的中学生"。志存高远、身心健康、有社会责任感、有个性特长是一中学子最基本的要求，也应该成为新时代中学生的基本要求。

"追求卓越，做最好的自己"便是全体一中人不懈努力、点亮生命的动力。通过生命教育，让校园里每个个体生命都能蓬勃生长，让每个人都成为"我自己"，把生命中的爱和亮点展现出来，为社会、为人间焕发出自己独有的美丽光彩！这才是学校存在的价值！

学校，因学生的发展而发展

学校的发展显性上表示规模的扩大、面积的增加，而事实上面积再大的学校，如果不能促进学生全面发展，不能实现学生成长成才的目标，学校的发展就会停滞不前。

什么样的教育环境能促进学生的发展呢？

2012年，一次偶然的机会，我阅读了尼尔森的《正面管教》一书，此书主要讲述如何运用正面管教方法教育孩子。正面管教是一种既不惩罚也不娇纵的管教孩子的方法，主张孩子只有在一种和善而坚定的气氛中，才能培养出自律、责任感、合作以及自己解决问题的能力，才能学会使他们受益终身的社会技能和生活技能，才能取得良好的学业成绩。

对比"棍棒底下出孝子"的棒式教育，《正面管教》所倡导的"和善而坚定的教育"更符合现今孩子成长和发展的需要，我也非常认同要在和善而坚定的环境下给予学生正确的引导和督促。因此，2012年，我把《正面管教》一书推荐给中山一中的所有班主任。不久，校园里兴起了一股"和善而坚定的教育方式"的学习热潮。教师们积极学习，认真钻研，积极思考，而且在实际的班主任工作中付诸实践，对这一理念的运用越来越广泛。2013年，中山一中出版了教师们撰写的教育故事合集《和善而坚定的教育》，影响颇广。

从教二十多年来，我坚持鼓励学生自主发展，因为这种主动发展自己的效果明显胜过被动的督促。这就好像小马过河，第一次你给了小马足够的信心和方法让它自己主动过河，它成功后就不会害怕崎岖的山坡或更宽的河流。久而久之，它就会成长为势不可当的千里马。为了让"千里马"常有，我提倡学生学会自主管理，主张学生自主管理社团、宿舍、饭堂等。现在，中山一中的大小型庆典活动均由学生自编、自导、自演，如春季助学活动、校运会嘉年华、元旦晚会等。这些年，学生自编自导的节目水平和层次不仅没有下降，反而渐渐呈上升的趋势，而且越来越受到学生和老师的欢迎。记不清从什么时候开始，精彩纷呈的一中文艺晚会早已成为一道亮丽的风景线；学生导演，在一中早已不是什么稀奇角色，而是深入寻常学生中。

现代社会飞速发展，关于教育质量的衡量标准应是多元的。学生学到教学大纲所要求的知识，取得好的学习成绩，是教育质量提高和学生发展的体现；学生综合素养的提升、人格的完善，今天比昨天好，明天比今天好，也是教育质量提高和学生发展的体现。为促进学生全面发展，我们构建了"志、诚、品、学的一体两翼、适性扬才"的多元课程体系，让每个学生在自己原有的基础上不断努力，不断超越自己，做最好的自己。

学校，因学生的精彩而精彩

　　一所学校的辉煌，从来都不是通过建筑群的华美或学校本身的高贵来体现的。在某种程度上，学校的精彩来自优秀学子的突出表现，来自师生精气神的高昂和言行举止的得体。

　　2018年9月，我有幸获邀参加清华大学2018级新生开学典礼。据了解，整个广东省只有两名中学校长受到清华大学邀请。而我之所以能获邀，并不是因为个人的成绩突出，而是因为中山一中学生的突出表现。一中学子的出色表现为中山一中获此荣誉，也为百年一中增光添彩。可见，学校因学生的精彩而精彩。

　　我时刻提醒自己，学校不仅要对学生的成长负责、为学生的幸福人生奠基，还要注重培养学生的生命意识，要让他们活得健康、活得精彩、活得有质量。我们教育学生要有智慧地生存，要自觉地服务于民主、文明的社会建设，在促进社会和谐发展方面贡献自己的力量；自觉地服务于建设一个更加美好的社会，培养高度的社会责任感。

　　我们始终坚持遵循教育规律办学校，推行素质教育，着力构建德智体美劳全面发展的人才培养体系。为了实现让每个学生都健康可持续发展的目标，学校进一步深化"以优质教学为主体，科技教育与人文艺术教育两翼齐飞"的办学特色，不仅在学科教学上要求教师落实核心素养和关键能力，培养学生的科学素养和人文精神，培养学生发现问题和创新创造的能力，还积极营造利于学生成长与发展的环境，创设让学生展示自己的平台。近些年相继培养出青少年信息学奥林匹克竞赛国际金牌得主冯齐伟、世界超算能手梁俊邦、全国数学竞赛金牌得主黄伟智、全国生物学奥林匹克竞赛金牌得主卢亘哲等一大批优秀学子。科技体艺方面，学校以完善的模块课程、丰富的社团活动以及体艺节、科技节,让每一位学生都拥有一种或多种体艺特长。例如,2018年,以一中学生为主体的中山市女排代表队和中山市田径代表队,双双荣获第十五届省运会亚军,齐齐创下中山市历史最好成绩。再如,2019年,荣琳同学成功入选第十四届全国学生运动会广东省代表团运动队;2019年,龙昱成同学在中小学电脑制作活动评比中荣获全国一等奖;2018年,刘一琳同学获全国青少年游泳总决赛第四名;2018年,航模组同学参加全国"创新杯"未来飞行器设计大赛获全国二等奖;2017年,易子翔同学荣获第三届全国青少年创意编程一等奖……如今,一中学子遍布全球,在各行各业中崭露头角。由于综合素养高,一中学子在大学也一样很受欢迎,国内多所知名大学均发来感谢信。一中先后获得"清华大学优质生源基地""全国航空特色学校""全国青少年校园足球特色学校""全国中小学心理健康教育特色学校"以及"全国STEM教育种子学校"等荣誉,这些荣誉都是来自一中学子的精彩。正是一代又一代一中学子的精彩造就了一中今日的荣耀!

"一花独放不是春,百花齐放春满园。"学校是学生学习的地方,更是学生成长的地方,学校里每一位学生都得到不同程度、不同层次的发展,学校才更加欣欣向荣。或者,这才是学校的魅力所在。

追求卓越，做最好的自己

我时常思考：作为学校管理者，如何推动学校更好地发展？如何把学校带上一个更高的台阶？这就应该注重挖掘学校文化，传承学校优良传统，把学校办成家长、学生心中最好的学校，这也是校长的责任和使命。这些年来，我深挖学校历史文化，筹建校史馆和校史长廊，沿用丰山书院的条约作为校训，我还邀请华南师范大学教育学院专家团队对学校的中长期发展方向和内容进行规划。在对学校进行SWOT分析之后，专家们一致认为，正处于转型升级期的中山一中要将优质生源不足的压力转换为动力，需要挖掘自身的潜力，提升学校的办学品质，抓住新时期国家和省、市教育发展战略的政策契机，借助中山社会各界对学校的赞誉与支持，借助广大校友心中分量厚重的关心与情感。据此，新一届领导班子确立了"追求卓越，做最好的自己"的办学理念。

"追求卓越，做最好的自己"的理论基础源于1983年美国哈佛大学教育研究院的心理发展学家霍华德·加德纳的"多元智能理论"。加德纳在研究脑部受创伤的病人时发觉他们在学习能力上的差异，从而提出本理论。根据加德纳的多元智能理论，作为个体，我们每个人都可能同时拥有相对独立的八种智能。但每个人身上这八种相对独立的智能在现实生活中并不是绝对孤立、毫不相干的，而是以不同方式、不同程度有机地组合在一起。正是这八种智能在每个人身上以不同方式、不同程度组合，使得每一个人的智能各具特点，不同的人会有不同的智能组合。例如，建筑师及雕塑家的空间感（空间智能）比较强，运动员和芭蕾舞演员的体力（肢体运作智能）较强等。多元智能理论认为，几乎每个人都是聪明的，每一个人都有相对的优势智能领域，如有的人更擅长通过音乐来表达，有的人更擅长通过数学来表达。如何让每一个学生都能发挥自己的优势？习近平总书记说过："让每个人都有人生出彩的机会。"是的，每个人生而不同，我们无法选择自己的天赋和潜能，更不能以统一的标准去要求自己，但我们可以最大限度地激发自己的潜能，创造无数个自己的"第一"，让自己的人生出色、出彩。

"追求卓越，做最好的自己"，就是鼓励学生"不和别人比，和自己比；和昨天的自己比，有进步，有提升；不断激发潜能，成为更好的自己"，即古人所谓的"马儿善跑，鸟儿善飞，鱼儿善游""天生我材必有用"等。作为教师，我们应根据每个学生的智能优势和智能弱势选择最适合学生的方法，挖掘学生的潜能，促进其潜能的开发，让每个人在充分展示自己优势领域的同时，将自己优势领域的特点迁移到弱势领域中去，从而使自己的弱势领域也得到最大化的发展。"追求卓越，做最好的自己"，在学生的培养目标方面意味着"学生要做最好的自己"，做"志存高远，身心健康，有社会责任感，有个性特长的中学生"；在教师的发展目标方面传达着"教师要做最好的自己"，做"爱生敬业、好学善教、有教育理想的教师"；在家长方面鼓励"家长要做最好的自己"，做与孩子共成长、充满睿智的家长；在学校方面时刻提醒着"学校要做最好的自己"，努力成为一所"特色鲜明、质量一流，在全国有较大影响力"的广东省名牌学校。

近年来，中山一中奉行"追求卓越，做最好的自己"的办学理念，坚持"内和外拓，凝心聚力"的办学策略，形成了"以优质教学为主体，科技教育与人文艺术教育两翼齐飞，让每一位学生都有特长"的办学特色，学校也构建了具有中山一中特色的"志、诚、品、学的一体两翼、适性扬才"的多元课程体系。在全体一中人长期的探索和实践中，无论是师生发展还是学校教育教学都得到了较大提升，办学业绩日益突出，中考、高考年年都有新突破，学科竞赛喜报频传。科技体艺方面，学校以完善的模块课程、丰富的社团活动以及体艺节、科技节，让每一位学生都拥有一种或多种体艺特长。我始终认为："做最好的自己"不仅表现在学习层面，更应该表现在学生为人处世方面。一中人始终坚持以立德树人为根本任务，弘扬社会主义核心价值观，厚植文化底蕴，夯实德育之基，为学生终身发展打下丰厚的文化基础。

"四爱教育""四礼文化"等多元化德育课程体系和实践化社会育人平台，奠定了学生持续发展的德育基石，培养了一代又一代可亲、可爱、可敬的一中人！

源既远，流自长；根已深，叶正茂。如今，经历了百年风雨洗礼的中山一中在金字山下静然伫立，奋勇前进，努力铸就新时代的辉煌。

我们共同的愿景

"追求卓越，做最好的自己"，是在新的发展阶段下，中山一中对自己新的定位、新的要求、新的共同愿景。"做最好的自己"，意味着对自我的认识与要求——在对自我清晰的剖析之下，实现自我发展的极致，追求自我提升的极限，让自我永远处于完善与突破的动态追求中。"做最好的自己"，意味着自我与人的相处之道——我们是在和自己比，和"昨天"比，比发展，比学习，比收获。"做最好的自己"，我们才能帮助那些有需要的人。"做最好的自己"，意味着我们对社会的责任与担当——做最好的自己，我们才不会成为社会的负担，我们才有能力为社会的发展贡献力量。

中山一中"做最好的自己"的办学理念具体是指学生、教师、学校都追求"做最好的自己"。

一、学生做最好的自己

在中山一中，每个学生都是独特的，每个学生的存在都有其别人不可替代的价值。每一个学生都可以有不断超越自己的潜能，每个学生都可以为成就最好的自己而充满自信地走在自我发展、发展自我的路上。在这里，每个学生都可以精心经营自己的学习生涯，在自我探索、成长的过程中寻求快乐的源泉。做最好的自己，不和别人比。除了追求文化课成绩不断提高外，中山一中关注的是每一位学生在一中的这几年学习期间，都能掌握一种或多种体艺、科技方面的特长。

二、教师做最好的自己

超越自我是教师专业成长永不满足的目标。中山一中提出每个教师都不能满足于现有的知识结构和教育教学经验与技能，要在实践的同时学习、思考、探究，不断地突破昨天的自我；在与学生的共同成长中，提升自身的职业素养，提高自己的专业能力和水平。除了强调教师专业成长的同时以外，学校还引导教师追求职业的幸福感，做到"不仅善教，而且乐教——乐于教育，也乐在教育"。

只有在良好的职业心态下获得幸福的职业体验，激发其内源性的成长动力，才能不断促进教师超越自我，推动教师不断成长。作为师者，只有在从教的过程中收获职业与生活的双重幸福，方可获得专业与灵魂的共同成长，"做最好的自己"，才能因有追求而向往之，因以人为本而更加真实。

三、学校做最好的自己

只有当学生做最好的自己、教师做最好的自己，才能最终成就学校做最好的自己。

所以，学校要做最好的自己，就必须要在超越过去、超越自身中走出一条全新的属于一中自己的路——"做最好的自己"。这意味着在新的历史发展阶段里，中山一中必须通过切切实实的奋斗，给自身注入新的教育文化、教育精神特质，把学校办成一所"特色鲜明、质量一流，在全国有较大影响力"的广东省名牌学校。

第三章

方圆合一，专业至上的管理

为满足人民群众对优质教育资源的需求，从20世纪90年代开始，中山一中迁址重建，并先后三次扩大规模。2013年，中山一中增设国际部后，学校一度达到142个教学班，其中，初中部48个教学班，高中部94个教学班，在校学生7300多人，在职教职工600余人，是中山市普通中学中一个校区在校师生人数最多的学校。

俗语说，船大好顶浪，船小好掉头。中山一中这样一艘大船不好掉头是显而易见的，它要如何面对教育改革大趋势，顶住风浪高速前行呢？自担任中山一中校长以来，我就一直在思考这个问题。如果继续用传统的理念和方式来管这样一所特大规模的学校，校长必然不堪其忙，情感管理流于粗放，学校必然会由"学堂"变成"工厂"。只有充分发挥学校每一个中层干部和教职员工的作用，形成"人人有事干、事事有人干"的多元化治理格局，才能让校长从繁杂的管理中"解脱"出来，去做更有意义的事情。为此，我积极倡导"方圆合一，专业至上"的管理，在构建依法办学、自主管理、民主监督、社会参与的现代学校机制体制上做了多方面的尝试。

事实证明，这些尝试是值得的，也取得了一定的成效。

多元治理，优化管理

对于学生超过7300人的特大规模学校来说，伴随经济的发展和社会的进步，他们缓解了优质教育资源的供需矛盾，取得了一定的社会效益，但也存在管理难度加大、校园安全隐患难控等难题。中山一中就面临着规模大、管理难的现实问题。

谈及管理，我想起某位知名教授对管理的解读。他说：管理的"管"即"个个官"，就是每个人自己当好自己的"官"，就能做到"为上者闲"；"理"则是循天理而作、依法理而治、合情理而为。对此，我非常认同。对于学校来说，"理"，循天理，即符合学生个性发展的规律；依法理，即依法治校；合情理，即彰显人文关怀。

如何在特大规模学校实现循天理而作、依法理而治、合情理而为呢？这就必须引入教育治理理念。教育部原部长袁贵仁曾经从怎样加快推进教育治理体系和治理能力现代化等方面进行了详细的阐述，并强调运用教育治理的相关原理来管理学校既符合时代发展的需要，也满足学校发展的现实需求。

"多元、民主、合作、互动"是教育治理的核心理念和学校治理体系与治理能力现代化的关键词。"多元管理"首先表现在学校的行政管理架构上，就是充分发挥年级部的行政管理作用，让教学处、学生处等职能部门从行政事务中解脱出来，着重在专业引领上下功夫。在相当长的一段时间里，传统的"校长—各处室—年级部—班级"四级管理体系下，年级部隶属于处室的管理，处室既承担行政管理的职能，又要发挥专业引领作用，虽然在一定程度上应对了规模扩张带来的难题，但不利于学校的长远发展。为此，我大胆推进校内行政管理架构改革，将年级部与处室改为并列合作的关系，副校长双向分管年级部和处室，年级部重在行政管理，负责本年级日常的教育教学、师生管理、后勤、党支部工作；处室除了处理上级交办的事务外，重在教师专业引领，通过学科组、班主任队伍建设，提升教师队伍的专业水平。这一管理形式的调整将校长和处室中层的行政管理权分解到各年级部，既有利于调动各年级部干部的工作积极性和提高其工作的创造性，也有利于提升师生关照度。

"多元管理"的另一个表现是让教师、学生以及家长、校友都参与到管理中来，让他们成为学校的主人，真正通过参与管理，做到人人当好自己的"官"。近年来，学校充分利用校委会、家委会、校友会、教师工会组织、学生自治组织等载体，组织引导师生、家长、校友参与学校管理，搭建起社会性、开放性、共融性的建校、治校、管事平台。大到学校中长期发展规划，小到宿舍、饭堂的管理，从课堂教学改进到学生课外活动的开展，学校都充分做到让师生、家长、校友参与其中，不断推进社会化管理，通过学生自主管理提高治理效率，培养学生各方面的能力。

"放权"是为了学校的决策更加科学合理，为了学校的各项管理更加规范有序，从而让学校走上现代学校自主治理之路。在人权、财权和物权方面，我都尽量做到"放权"与"制衡"并重，让行政人员、教职员工充分参与到学校管理中，同时完善制度，让权力得到"制衡"，以便让学校在充分民主的氛围中实现内涵发展。比如，学校日常管理充分发挥中层行政人员的作用，让他们的管理智慧和管理能力得到充分发挥。学校各项重大事项是在充分调研与征求意见的基础上，由校长召集并主持校长办公会审议，由与会成员集体作出决定并签字确定。学校行政会议分为校级行政会议和分线行政会议。校级行政会议由校长在每学期开学前和结束后召开，着重研究学校工作计划和中层以上干部学习培训；分线行政会议由分管校长召开，着重研究日常教育教学和后勤工作等具体问题。

涉及人权、财权和物权的诸多行政事务，校长充分放权给各级行政，各级行政则通过进一步分解、细化任务与目标，动员、协调各方力量来落实、执行。例如，涉及学校章程制定及修订、学校发展规划等关系学校发展和教职工权益的重大问题，学校都会经教代会审议通过后实施，充分发挥教职工代表大会讨论审定学校重大方针政策的作用。涉及师生评价、财务预算等其他重要事务，学校会让教职工代表甚至是家长代表、校友代表充分参与其中。2013年中山一中成为"2014年清华大学'新百年领军计划'优质生源基地"，并获得2014年清华大学自主选拔"新百年领军计划"推荐资格。为了将此次遴选工作做到公平、公正、公开，学校邀请了教育界、媒体界、法律界以及家长、清华校友代表共7人组成"清华大学'新百年领军计划'候选人"推荐评审团，对具有申报资格的学生的综合情况进行综合测评，择优推荐。又如，学校选拔骨干教师成立学术与师德委员会，负责教师职称初评以及市名师、特级教师和各级课题申报的审核。大范围的"放权"，既提高了治理效率和民主决策水平，也极大地激发了广大师生乃至家长和社会各界的参与热情，提升了公众对学校的满意度。

行政事务和部分财权、人权事务下放给行政、教职工代表，为了让"权"用在刀刃上，我也采取了一些"制衡"措施。例如，行政中层要定期汇报各项工作，学期前要做计划、学期中要检查计划完成情况，学期末要进行工作总结及展示；涉及财务、基建工程、招生、人事、评优等各方面的工作，学校通过公告栏和校网等途径对外公开，接受师生、社会各界的监督。制度保障下的学校治理更加公开、公平、公正，更加规范、科学，同时也取得了良好成效。

当今社会的发展日新月异，合作比竞争更重要。众所周知，"一个人可以走得更快，但一群人可以走得更远"，这一群人有着共同的目标，称为团队。这些年，我一直致力于团队建设。因为对于一所学校来说，团队建设不仅能让每一位成员都为着一个共同的目标而努力，而且对成员自身的专业成长、对教学质量的整体提升都有非常重大的意义。过去几年，在推行教育治理的进程中，我一直在探索建立参与、分享式的学习型团队。

基于行政管理高效便捷的管理型学习团队建设，主要是指以年级部主任为核心的年级管理团队和以班主任为核心的学生成长指导团队。年级管理团队实行主任负责制，在年级部主任的领导下，副主任、党支部书记（由年级部主任兼任）分管本年级德育、教学、党务等工作，各成员分工合作，共同承担本年级的管理事务；学生成长指导团队以班主任为核心，科任教师共同参与，共同开展学生的指导和帮教工作。

基于教师专业成长的学术型学习团队建设，指的是以教学研究为核心的学科组团队和以日常教学备课为核心的备课组团队，还有以教学改革探索为核心的教学改革研究实践团队。学科组团队着重课堂问题的提出和解决，通过课堂展示、听评课、教研等形式，达到提升课堂效率并促进教师专业成长的目的；备课组团队着眼于日常教学常规，通过日常备课、研课的形式，让教学质量得到保证；教学改革研究实践团队是在学校的积极引导下，由教师自发组建的围绕教学改革某一方面开展教学改革和研究的团队。近年来，学校鼓励各年级部、学科组、备课组、班级和参与教改的教师群，以团队的形式积极开展教育科研，并通过"送出去，请进来"的方式提升教师专业水平，也以学习型团队的评价方式鼓励教师申报学习型团队，并通过宣传报道等形式构建合作共赢的团队文化。

在学生群体中，学习型团队建设同样重要。我校是完全中学，分初、高中部。其中，初中部自2012年以来开始探索小组合作学习教学改革，打破"排排坐"的固定模式，取而代之的是三五成群的小组合作形式，课堂上的小组互助文化已经深深地影响到了每一位学生，并深受学生家长的好评与欢迎。高中部学生在教学改革的探索与实践中，也逐渐形成了自主合作的文化氛围。除课堂积极打造小组互助团队文化外，学校也积极引导学生建设以宿舍为单位的学生成长生活团队，通过宿舍雅文化的构建和文明宿舍评比等多种形式，让合作互助的成长理念和携手共进的文化深入学生心中。

广开言路，让互动常态化是构建现代学校管理机制的必要条件。一般来说，"互动"主要反映在学校与五个"群体"之间，即教师群、学生群、家长群、校友群、社会群。学校主要通过座谈会、校网、邮箱、开放日等形式和五个群体加强互动。

常态化的民意收纳机制，让师生为学校走向善治发出好声音。教师是学校教学活动的直接参与者，他们的建议和反馈意见尤为可贵。在日常管理中，学校除让教职员工承担一部分管理工作外，每年都会组织多场教职工座谈会和退休教师座谈会，多方听取教师们的建议和意见，同时，教师可随时通过面谈、电子邮件的形式向学校管理层建言献策。学生是学校的主体，为充分听取他们的意见，校长和后勤部门开通了信箱，学生可随时通过信件的形式表达各种诉求或建议。学生权益部参与学生管理，每月会以回音壁的形式征求学生意见，还将意见反馈给学校管理层，并每月召开一次意见反馈会，邀请相关主管校长、行政与各班学生代表见面，回应学生的意见。

日常化的家校交流渠道，汇集家长议事治校助教的新能量。家校互动方面，学校主要通过家长来校交流、年级部和班级家长委员会、家长来信来电等形式进行。其中，家长来校交流除保留传统的家长会外，还在此基础上做了改进。比如在形式上，各班采取小组合作式，由学生向家长汇报，老师总结，取代教师的一言堂；在过程中，以开放日的形式邀请家长走进教室、走进食堂甚至宿舍，让家长更加深入地了解孩子的学习和生活。同时，通过家庭教育指导的方式加强家校互动。校领导和年级在新学期开始时，会将电子邮箱公布给家长，家长可随时来信提出建议和意见。为确实保障师生、家长来信来电得到有效处理和跟进，学校结合实际，规范了来信来电处理程序；家长可通过《中山市第一中学师生、家长来信（来电）跟进处理单》随时查阅处理情况。另外，学校还不定期举行圆桌会议，在校园建设、学生职业规划等方面听取师生、校友及社会人士的意见与建议。

中国人民大学公共管理学院段晖老师指出，"治理"是一个基于协调而非控制的持续互动的过程。对于特大规模学校的管理创新而言，"多元、民主、合作、互动"教育治理之道还需要不断在实践中充实、调整、优化。我想，只要沿着这条路走下去，坚持努力改进，必然会取得更大的进步，得到更大的收获。

提升领导力，推进治理体系

著名教育家苏霍姆林斯基说："领导学校，首先是教育思想上的领导，其次才是行政上的领导。"校长是一所学校的家长，它不是一个职位，而是一种角色，它需要专业，更需要素养去引领学校。校长只有深刻理解教育，才能以教育者的身份把握学校的组织性质和核心价值观；只有科学定位领导，才能以领导者的身份谋划学校发展和凝聚人心；只有遵循教育规律，才能真正实现培养人、发展人的目标。

中山一中这所有着深厚的文化积淀、优良的校风、辉煌的成就以及口碑载路的百年老校，新形势下如何更好地传承文化优势，进一步增强教育的文化自觉，提升学校的核心文化，打造特色品牌，提高学校的教育质量和办学水平，是作为"家长"的我面临的一个重要课题，也是我谋划学校未来5~10年发展方向的"航标""思路"。但无论怎样，路需要一步一步走，首先还是要提升"领导力"。

如何提升"领导力"？在这个平等、公正的大环境下，校长应该放下自己的身段，从无所不能的虚假的角色定位中走出，还应放弃一些自己运用自如的权力。因为，校长不仅仅是一个职业，更是一份责任，他要服务于学校，服务于教师，服务于学生。校长还必须重新分配管理的精力。一般的管理者都在用绝大部分时间研究如何管理别人，而聪明的领导者往往会拿出相当的精力谋划管理自我。事实一再表明，只有改变自己，才能改变别人；只有领导改变，一个组织才有可能改变。

作为学校管理者，面对600多名教职员工和7300多名学生，每天都会遇到很多困惑。我追求"方圆合一，专业至上"的管理理念。在专业的道路上，我不断完善自己，读书、培训、思考、写作、研究，曾先后承担省、市名师工作室和名校长工作室主持人任务，担任华南师范大学教育科学院教育硕士专业学位兼职导师，担任华南师范大学历史文化学院教育硕士专业学位兼职导师。因为我深知校长不仅仅是一名管理者，更应是教育思想的引领者、践行者。

从一名教师成长为一名教育管理者，从一名公选的校长到自觉地做好校长，从"投入、奉献、担当"到"思考、智慧、境界"，只有不断地追求卓越，做最好的自己，才能辐射、影响周围的人。管理的核心是人，能够充分调动人的主观能动性，令团队成员主动自发地工作，成为管理者核心能力的体现。只有改变自己，提升自己，具备良好的自我管理能力，才能有效地管理团队。如果我们的行动能够激发别人去追求更高的理想、学习更多的知识、做更多的事情、成为更伟大的人，那我们就具备一定的领导力了。

领导力的本质就是影响力。马克思、恩格斯指出："一个人的发展取决于和他直接或间接进行交往的其他一切人的发展。"人的发展自始至终都是在群体的影响下进行的。如果我们总是试图去改变他人，那得到的结果只能是争执和冲突。当我们愿意时刻保持自身的学习成长，在工作和生活中不断提升自己，不断完善自己，增强自己的领导力，我们才能成为一所学校优秀的领航员！

权力下放，无为而治

"**权**力是人与人之间的一种特殊影响力，是一些人对另一些人造成他所希望和预定影响的能力，或者是一个人或许多人的行为使另一个人或其他许多人的行为发生改变的一种关系。"[①]管理者，更是领导者。管理者主要依靠运用权力达到目的，领导者主要凭借思想、精神和人格魅力影响他人。

在一所学校里，校长的权力既能成事，也能坏事；既能帮助别人，也可以危及他人。那么，作为校长该如何正确运用手中的权力，认真地贯彻落实党的教育方针、路线、政策，办人民满意的教育呢？我认为可以从以下两个方面着手：一方面可以凭借以人为本的教育理念、高尚的人格魅力、丰富的情感艺术增强个人感召力，实现非权力领导；另一方面应该自觉地把相应的权力关在制度的笼子里，让校长的权力在监督日趋完备、制衡日趋强化的背景下推进学校工作。

在被公选为校长后，我确立了以"和"为核心的学校精神文化，坚持"内和外拓，凝心聚力"的办学策略，倡导"和善而坚定"的教育方式，营造"和谐共进"的教育氛围，努力把学校建成全体师生员工、社区和校友和谐共享的共同精神家园。在现代教育治理的背景下，我从实践的层面上运用教育治理理论，优化学校内部管理。在学校内部权力结构设计过程中，构建扁平化结构，其核心点就是要使管理者能够直接面对师生。通过党委、校长

---

① 林崇德，姜璐，王德胜，等.中国成人教育百科全书·经济·管理 [M].海口：海南出版公司，1994.

办公会议、教代会、校务委员会、学生委员会以及社会各方力量（如家长、校友等）等多种渠道实行多元治理，民主决策。比如，行政事务重大事项实行校长办公会议或校务会议集体讨论决策并签字确认后实施；学校重大的人、财、物的使用都必须经过教代会讨论决定，并实行"校务公开领导小组"和"校务公开监督小组"双负责制，责任到人；校内维修工程和大综物品购买坚持实行由教职工代表参与决策的校内招投标制度，制定《中山市第一中学招投标管理办法》，修缮工程15万元以上、物资采购10万元以上项目按政府采购程序或政府工程招投标程序报政府相关部门执行。校内修缮工程3万～15万元、物资采购3万～10万元项目由教代会的代表参与招标。3万元以下修缮工程和物资采购经校长办公会讨论通过后方可执行。5000～1万元修缮工程和物资采购经校长审批。5000元以下修缮工程和物资采购由总务副校长审批。无论是教师招聘还是体艺特长生招生，都成立以分管校长为组长、部分行政以及教师代表参与的招生工作小组，同时安排学校纪委干部全程监督。

校长具有设定年级部等各部门编制以及聘任中层以上干部的权力，而每学期教职工的岗位聘任则在分管校长统一协调下，由各年级部与教师们进行双向选择。校长的权力在于学校课程整体规划，而各学科课程的设计和推进则由各学科组长和学科教师负责。

校长权力使用的目的是调动师生的积极性，组织协调人、财、物等各项资源为有序状态，当顶层权力变得柔和时，基层的活力才会焕发。多样的责任催生多元的权力，这样才能架构一个安全、稳定的组织结构，让所有的权力都为教育理想服务。

大象也可以跳舞

管理体制的变革，难免会给每个管理者带来巨大的压力，从观念的转变、策略的运用到方法的借鉴创新，每一个人都必须经历别人无法替代的过程。比如感悟、体验、纠结、挣扎等都是每个人内心难以避免的疾风骤雨。

与其他学校一样，我们原来的管理结构是金字塔状的层级结构，从校长、副校长、中层处室到年级组、教研组。这样的管理结构有着明显的优势——层级分明、职责明确，但是对拥有7300多名学生和600多名教职工的特大规模学校来说，机构多和层级多就容易造成管理信息反馈慢，且容易丢失等弊端，同时还会削弱学校规章制度的执行力，形成一些管理死角。为了减少层级，调动每一位教师的工作积极性，关注好每一位学生的成长，我们确定了"管理重心下移，领导工作下沉，权力范围下放"的低重心管理思路，实施以年级部为核心的扁平化管理模式。

扁平化管理源于各大企业为解决层级结构的组织形式而实施的一种管理模式，这种管理模式让一个个巨型企业灵活起来，实现了"大象也能跳舞"的目的。在各大企业成功实践的带动下，全球范围内掀起了扁平化管理的浪潮。从20世纪90年代后期开始，"扁平管理，年级负责"的年级管理模式也逐渐成为许多特大规模学校的实践探索方向。

我认为，管好"人"的前提是理好人的"心"。在人的管理中，情感沟通是很重要的。所以，有人说，一个领导管理六七个人就最好。扁平化管理中，校长管理好副校长，副校长管理好相应的年级部与处室人员，做好学生处及教务处与年级部两条线的布局以及协调沟通工作。例如，教学副校长主管教学处与年级部教学工作，德育副校长主管学生处与年级德育工作。年级部与处室是并列关系，年级部与各处室都由主管副校长直接管理，副校长就是两条线交叉的纽带。副校长职责范围的事，校长不去干涉，这样就能充分发挥副校长的主动性与积极性。年级部履行行政管理职能，管理年级部的教育、教学、党务、工会和后勤工作，并直接面对年级部师生，对年级部的教育教学质量负责。处室如学生处以及教学处等是职能部门，负责教师的专业发展规划和推进工作。比如，学生处在协同年级部一起管理好学生宿舍的工作外，着力在学校德育工作构建和班主任队伍建设方面下功夫；教学处在做好教务常规工作外，着力在指导学习型学科组建设方面下功夫。年级部与处室的职责分工既解决了特大规模学校师生队伍庞大的管理难与保持高质量发展等问题，又解决了学校教师队伍专业发展的问题。年级部与处室相互合作、相互协作地开展工作能很好地促进学校的可持续发展。

当然，年级部的独立管理对年级部主任的领导力、决断力以及协调能力都提出了很高的要求，不仅要沟通协调各部门以及教师之间的关系，还要面对来自学生管理以及学生家长的压力。这些实践要求与压力对年级部主任来说，都是很大的挑战，同时也是成长的机会与平台。

在当今教育治理的大背景下，我们引入了教育治理理论来实施扁平化管理，强调多元主体管理，民主式、参与式、互动式管理，而不是单一主体管理。我们的管理者不能也无法将自己定位为专家，事实上，任何人都难以成为如此众多领域的专业人士。"方圆合一，专业至上"，学校是个强调专业的地方，只有实现了多元管理，才能做到以人为本，以有效为目的，而不再以单纯的管理活动为目的，这样，学校才能真正地实现内涵发展。

多元主体的扁平化管理让线性管理变成网状管理，从某种程度上说是校长职能从管理走向领导，强化副校长的管理职责与担当意识，发挥中层的管理智慧，让一批充满活力、专业水平高、具备管理智慧与才能的年轻干部得到成长。近几年，中山一中为中山市其他直属学校输送了两位校长和一位副校长，这是中山一中实力的体现。更重要的是管理者在学校的管理实践中，其观念与能力得到很大提升。我校管理干部有了清醒的角色定位——"师生成长服务官"，从"政策制定者"变为"问题解决者"，在工作实践中清晰地认识到管理者的真正领导力来源于服务，因而管理者主动走向基层，站在教师之间，甚至是在教师队伍的后面，教师的主人翁意识得到极大的提升。

自己的猴子自己背

几年前，当学校开始推行目标导引下的小组合作的教学改革时，为了调动教师的积极性，也为了让教师亲身体验一下小组合作学习的好处，我们计划在起始年级召开一个教师会议，会议准备以小组合作的形式来召开。我记得，当时的年级主任做好初步方案就来找过我，并让我针对该方案提一些建议，后来，该年级主任对方案进行修改后又反复前来请示。这让我想起了比尔·翁肯曾提出的一个有趣的管理理论——"背上的猴子"。

"背上的猴子"比喻责任和事务在管理者和下属之间的转移。就如上述情况，本来年级教师会议就是年级主任负责的，但是因为年级主任一而再，再而三的请示，会议的责任就在我们两者之间转移了，长此下去，不仅会使任务在责任转移中低效完成，也会使年级主任永远成长不起来。管理大师德鲁克认为：分权与授权才能引发学习动机，从而实现无为而治。由于学校规模庞大，我们实行了扁平化层级管理的模式，形成多个集决策、管理、执行于一体的低重心的组织系统，制度化的放权是提高组织效率的关键因素，如相应的副校长管理处室和年级，年级部主任管理年级部师生的正常教育教学工作，每个管理层都有相应的权力与责任。扁平化层级管理模式对年级部主任的要求是非常高的，要求年级部主任具有一定的计划、组织、领导和协调等管理能力，而且要有一定的担当。年级部主任如果时时请示、事事汇报，那么其工作的开展无疑是被动的。

中小学校的管理离不开权力，权力主要是指个人或群体对他人或其他群体所施加的控制或能够产生影响的力量。然而，管理者的个人权威主要来源于其所担任的职务，即职务权威，但是管理者只有权威是不够的，更要求有资质，包括能力、态度、行为和责任等。学校的管理者应该实现权力与责任的统一，在成为决策者的同时，也要切实担负起学校管理的责任。

在学校管理中，有个别干部出于明哲保身的目的，会选择时时报告、事事请示的方式来工作。渐渐地，校长就会越陷越深，承担越来越多的责任，而这些干部也难以得到根本性成长，不能独当一面。其实，干部有没有能力挑起这些担子，很大程度上取决于校长的态度和处事方式。校长应该将时间投资在最重要的管理层面上，而不是养一大堆别人的猴子。身为管理者，应该分清权与责，各有各的一亩三分地，每个人都要背着自己的猴子，管理好自己的工作。因为任何一位校长都没有三头六臂，就算能力超群，也不能包打天下。校长不回避与干部们讨论问题，但是一定要有明确而坚定的自身定位，决不可越俎代庖，这样，校长也就有足够的时间去做规划、协调、创新其他重要工作，让整个单位持续良好地运作。校长可以以建设性的态度，把培养干部作为工作目标之一，可以反问一句："你说呢？""对于这问题，你还有没有更好的方法呢？"这样一个个的反问可能会让请示者措手不及，却会直接引导其打开思考的大门。

让每个人照顾好自己的猴子的前提是锁定责任。猴子原来在谁的身上，无论有什么变化，它都应该被锁定在原来的责任人身上。只有责任才能让这只猴子不乱跳，同时还可以帮助干部们不断提升解决问题的能力。让他们能够独立承担责任并在实践中不断成长，这也是领导的职责之一。

学校管理中的每一位参与者都要勇于承担责任，各司其职，并共同解决学校管理中的问题。只有所有参与者共同承担起管理责任，才能保障学校各项管理活动顺利进行。

小措施，大智慧

有一天，和家人一起前往一家大型超市购物，我像往常一样到入口处拉手推车，却发现所有的手推车都用小铁链锁住，如果需要解锁，必须放入一枚一元硬币。按照商场的指示，我一边去找地方兑换硬币，一边抱怨超市此举的烦琐，简直就是给顾客添麻烦。逛完超市，推着手推车走向停车场，放好商品后，我又按照商场的指示，将手推车推回指定的存放点，锁上铁链，硬币自动退出。攥着这枚硬币，我感慨不已，不得不佩服超市的小措施，大智慧。许多超市都有制度要求顾客将用完的手推车及时放回存放点，但事与愿违，我们经常看到一些手推车被顾客"遗忘"在商场的各个角落，也总是看到忙碌的超市职员在四处收回手推车。这个一元硬币的改革小举措，在无损顾客利益的前提下，让顾客自动自觉地将手推车放回存放点，而且极大地降低了管理的人力资本，更提高了手推车的利用率。

任何一个组织或部门都会制定各种制度，制度就是管理层共同制定约束员工的文件，制度是自上而下的，而机制就是在正视事物各部分存在的前提下，协调各部分之间的关系，让人自动自发地守规则，它是让人发自内心自觉遵守制度的游戏规则。在超市里，要求顾客用完手推车主动放回指定位置，这是制度，而需要放入一枚一元硬币来解锁，用完将手推车放回指定存放点，硬币才自然退出，这是机制。

学校作为社会系统中一个复杂的组织，不可能制定一种制度，使学校完全成为一个不需要管理者干预的自适应系统。但我们可以通过形成相应的机制，约束教职工的行为，让他们自觉地遵守各项制度，更好地发挥制度作用的运行方式。学校管理不同于企业管理，对师生的管理不能用强硬的手段，所以机制的建立就尤为重要，机制让学校的管理自动而有尊严。

制度需要上墙，但更需要落地。在学校管理中，我们有着许多近乎完善的制度挂在办公室的墙上。如何让这些挂在墙上的制度真正落地实施并成为常态的运行机制，超市的"一元硬币"小举措给了我们很大的启发。

学校的行政值班制度规定了行政值班的各种要求和规定，但在实际运行过程中，值班效果总是不尽如人意，存在值班行政未及时到岗或早退，或在值班记录上草草写上一句"今日正常"等现象。总是批评值班行政也不妥，这时就需要建立一个相应的监督机制，让值班行政自动自觉地做好值班工作。随着微信的普及和人们使用微信的方便快捷，我们建立了行政值班群，让所有的行政值班人员将情况及时反馈到值班群里，这样不仅可以有效督促值班人员准时到岗到位，值班行政还可以通过图片视频的方式，将值班发现的问题反馈到群里，群里相关的责任人也可以及时在群中跟进处理。这样一来，行政值班制度得到真正落实，行政值班的功能也真正得以发挥。

年级行政也将值班情况及时反馈到年级工作群里，这样既能让教师们看见行政的管理工作，也能让相关的班主任或任课教师对行政值班检查的情况做出及时的反馈，更能让全级教师拧成一股绳，形成团队凝聚力。

我们学校是国家定点考场，每个学期都要组织几场大型的社会考试。由于平时的工作较累，刚开始教师们都不愿意参加这种周末监考工作，但是由于实行了轮岗制度，而且每一次监考工作的安排都做到了公开、公平、公正、透明，所以这些年下来，当初令人头疼的监考工作得到顺利开展，这就是机制的作用，机制让管理更有效！

总结和计划的再思考

有一天晚上，适逢我行政值班。在年级部办公室，我和中层干部聊起管理话题。这些干部绝大多数是近一两年提拔起来的年轻人，工作有想法、有干劲，但也有自己的困惑。比如，有一位年轻干部感觉自己工作缺乏前瞻性，有点被动地应对管理工作。我感谢这位青年干部的信任，敢于向我提出困惑，当时我先将肯定的笑容送给他，但没有急于解答，而是问了旁边的另一位行政干部，问他是如何看待这个困惑的。这位行政干部表示他也有类似的困惑，感觉自己忙于应对现阶段各项事务，对于下一阶段如何开展相关工作缺乏充分思考。

作为中山一中年级部主任，普遍管理着800到1500名学生、60到110多名教师，负责年级部教育教学管理工作，做事情仅顾眼前，不考虑长远，显然是不行的。但我并没有指责这些干部，而是回过头对一开始提出困惑的年轻人说："缺乏前瞻性，这是很多行政普遍面临的问题，不是你一个人特有的问题，你不用为此烦恼。当然，这也恰恰说明你在反思自己的工作，不满足现状，这正是你的优点。"

接下来，我就"中层行政如何具有前瞻性"这一问题向他们介绍了我的思考。一是主动思考，做好计划。一个学期的计划，既应该涵盖对上学期工作的总结反思，也应该包含对下学期工作的细致思考与谋划。学校每学期都在学期结束后和开学初分别召开学校各部门工作总结与计划会议，并进行分享，目的就是要在总结过去工作的基础上谋划好新学期的工作，体现工作前瞻性；在执行过程中，要不断总结上阶段计划执行的效果及要反思改进的地方，并在下阶段去不断调整落实。这些积极主动的思考就是前瞻性的一种表现。二是深入基层。作为教育管理者，千万不要脱离学生与一线教师。管理干部只有深入教室与宿舍中，深入课堂与教师活动中，才能发现真正的问题，作为管理者，要主动去梳理、分析这些问题，并制定出相应的解决问题的对策。智者见于未萌，主动发现和解决问题，防患于未然，这也是前瞻性的表现之一。三是拓宽见识。阅读教育行业最新的著作、报纸、期刊，以及走出去参观交流，都能让教育人增长见识。这些见识能让教育管理者具备敏锐的观察力，遇到问题时总能先人一步并作出一些前瞻性的决策。

教育管理者应主动思考、深入基层、拓宽见识，发挥人的主观能动性，善于发现杂乱教育现象下的规律并梳理它们之间的联系，这样就能更具前瞻性地开展自己的工作。

专业的人做专业的事

有一次，我参加了学校组织的教学线行政会议，会议内容之一是讨论青年教师教学基本功比赛的方案。其中一份文案给我留下了深刻的印象。这份看似只有短短几千字的方案，却透露出学校坚持"教师第一"的理念已经深入人心。

青年教师是学校的主力军，他们的专业发展关系到学校的内涵发展和可持续发展。为了夯实青年教师的教学基本功，提高他们的教学素养，初中部教学处准备在这一学期进行青年教师基本功大赛。这次青年教师基本功大赛方案的具体策划流程是：主管副校长首先召集教学处主任、年级行政和科组长等人召开一个四人小组会议，把比赛方案的框架定下来，包括比赛的内容、形式和参与人员等；接着由年级行政和科组长根据要求做出方案的第一稿；然后教学处主任召集各学科组长在解读此方案之后进行充分讨论，贡献专业的智慧，提出一些修改意见，最后再将此方案逐条落实通过。经此程序，等到我参加该行政会议时，我看到的方案已经是第六稿。

听了相关人员的汇报，我的内心极为赞赏。这样一个看似很简单的比赛方案，其制订经过这么多的程序，好像很难被人理解。或许有人会质疑：有必要花那么多的时间做这件事情吗？我的回答是：有必要。学校是教师专业成长的地方，方案的制订以及推行就是一个引领教师成长的过程，学科组长讨论方案的过程不仅是集思广益的过程，更是一个思想统一的过程，也是一个宣传与发动教师积极参与的过程。由于得到了学科组长的助力，在落实方案的过程中，无形之中就会产生更多共力，减少了阻力。

"专业的人做专业的事。"这句话的背后体现了对专业的尊重。管理者只是行政方面的管理，是实施方案的助推者。凡事与专业人士商讨，尊重专业人士的意见，这种做法或许会让部分人感觉管理者缺乏威信，没有权力，但恰恰是这种平凡的尊重，点燃了别人的思想，凝聚了大家的智慧。在学校管理中，把教师当成主人，学校才能因教师的精彩而精彩。

举办教学基本功比赛的目的是希望通过比赛来促进青年教师的专业成长，青年教师成长得好，学校的未来才会更加好。比赛的过程其实就是一个青年教师学习和培训的过程。在每项比赛之前，教学处都安排了相应的学习和培训，通过有针对性的学习和培训，让教师们有一定的准备时间，也让教师们在这个准备的时间里花费一定的时间和精力去不断学习，不断打磨，不断提升，激发其潜力。在这个过程中，参与者会主动请教高手和同行，让他们帮忙出主意，提出有益的想法和思路，最后集思广益来补充提高自己。管理者尤其是学校的管理者，也同样需要这种"先人后事"的思维处事方式，不仅要关注计划的进展和任务的落实，更多的是对教师积极性和创造性的引导，重在对教师的培训和培养。

在日常的管理工作中，我们的领导者很容易用自己的职位权威发出一些指令。但在学校这个知识型的组织里，如果领导让自己不成熟的指令在陌生的领域里发生，带来的后果远远不止当下的事情办不好，最大的损失可能是伤害了比我们更有专业知识的专业人士。今天这个多元立体的信息时代，给管理者带来了更多的挑战。故只有充分调动我们身边的每一位专业人士的积极性和创造性，使其以主人翁的精神参与到教育教学工作中，学校的教育才能蓬勃发展。

从教师中来，到教师中去

又是一年评优评先时，这学期的评优评先工作特别多，先是特级教师的评选，然后是南粤优秀教师的评选，光是市级课题的申报审批就够令人头疼的了，全校申报的课题有近40个，但只有8个名额。如何甄选？如何评价？这都是繁重的工作。但这一切工作都在有条不紊地进行着。当相关部门将这些结果递交到校长办公会议时，我由衷地表示感谢，感到欣慰。这令我回忆起刚做校长的那一年，我们按照以往评优制度评出来的结果却不尽如人意，不是这个有意见，就是那个不满意。因为以往的评优评先，其规则基本由行政管理人员说了算，大权都在行政管理人员手中，这就难免使一线教师怨声载道。

近年来，上级部门不断地将一些评优评先工作下放到学校，如中高级职称的评价选送等，连市级课题的申报权也放在了学校。权力的下放，一方面给了学校更多的自主权，另一方面也给学校增添了难题。如果还是按照以前的评比模式，显然是行不通的。随着社会的发展，时代的进步，仅仅靠管理的权威是不行的，只有从教师中来，到教师中去，尊重教师的专业与想法，真正落实到为教师服务的事项才行。由此，我们成立了由学校各学科的教研组长组成的学术委员会。凡是与教育教学有关的内容，我们都交由学术委员会处理，由学术委员会根据上级部门的要求制定好相应的标准，然后严格按照标准进行评比。

一个真正的领导型组织，肯定是一个员工积极性、主动性被激发的组织。领导者要放弃仅仅靠自己的影响力推动工作的方式，全力以赴去发现在员工中间可能产生影响力的人物，培养和激发他们，让他们真正担当起某一领域领军人物的责任，然后再由他们带领一个个小分队去攻坚克难。这样的小分队多了，攻关夺隘的成就也渐渐显现，胜利的旗帜自然就会汇合在巅峰。学术委员会里的教师就是这样的领军人物，他们不仅任劳任怨、勤奋敬业，还有学术的高度，具备战略的眼光，并且对自己的团队有一定的凝聚力与助推力。

现代学校制度的基本特征是依法办学、自主管理、民主监督、社会参与。这要求我们要充分发挥教师的专业自主权，赋予教师参与学校管理事务的权力。要注重发挥教师的主观能动性，激发教师的内生动力，促进和谐局面的构建。每个教师都有巨大的潜能，学校要善于激发、大胆放手，让他们意识到自己的责任和能力，并将这些能量最大化地释放出来。学术委员会的成立就是尝试放权、教师民主参与学校事务的体现；学术委员会的成立也是我们对专业尊重的体现。凡事与专业人士商量，尊重专业人士的意见，这样才能让教师的智慧绽放，让教师真正觉得自己是学校的主人，让教师认识到学校就是大家的"众筹"项目。因此，共创、共担、共享自然就成了学校的文化特色。

做一名教练型的领导

有一天，和年级分管教学的行政干部聊天，想了解小组合作的推进情况。她反映说，推进力度一直有，反复讲了好多次，但有的科组和某些教师的推进效果还是不太好。我听后笑了笑，问她："小组合作搞了好几年，各学科有没有什么范式啊？"她说："还没有！"我接着说："小组合作是业务工作，行政工作是管理工作，能否将两者结合起来？"

我建议她找备课组长们聊聊，鼓励他们以科组的形式进行广泛而有深度的听课和评课，然后再集中研讨，形成切实可行的小组合作教学方式，并在期中考试后统一展示。这样做的目的不是将模式统一定型，而是要让教师们参与进来，把学校和年级的外在压力变成内在动力。他们在碰撞中产生的教学火花，其实就是一种教育的智慧和财富，同时也可以成为教师写作教研论文的素材，促进教师们的专业成长。负责这项工作的行政干部们，也可以从中得到收获。一个年轻的管理者，若能将管理转化为专业引领，更能为教师所接受，也更能帮助自己成长。

苏霍姆林斯基说："领导学校的工作秘诀之一，就在于唤起教师探索和分析自己的工作的兴趣。"如果一个教师能努力去分析自己的课堂教学，总结他与学生的相互关系中的优点和缺点，那他就已取得了一半的成功。作为管理者，我一直提倡要专业管理，不要有太多的行政干扰，不能用一般号召，而是要用其他的方法来激发教师进行教学改革的愿望。因为，学校的干部是行政又不是行政，并没有什么实际的权力。要管理好一支教师队伍，不能一味地采用行政的命令和方式，只有深入教育教学的一线，把教育和教学以及研究和了解学生这些学校工作中最本质的东西摆在第一位，精益求精，日益深入钻研教育和教学的微妙细节中，才能提高自己的教育和教学技巧；

与教师们一起探索成长，做一名教练型的领导、专业型的引导者，这样才有机会得到真正的成长，成为一个有威信的、博学多识的"教师的教师"，为别人所信赖和尊重，才能成为一名真正的领导者。

专业的工作要用专业的思维去引领，涉及教学专业方面的问题，需要管理者改变自己关于控制和命令的常规管理方式，将成长的空间让给教师，管理者需要做的是帮助教师进一步洞察自我，发挥个人潜能，从而有效地激发团队并发挥整体的力量，促进团队建设。如果行政领导本人没有对专业的钻研精神，以身作则，亲自深入教学一线进行一系列的教育教学活动，而是指望教师们主动精神的自然产生，那就意味着其无法进行领导，只能等待侥幸的发现和意外的成功。

年轻干部的成长

一个萝卜一个坑，学校的任何一个岗位都是重要的，特别是年级部干部承担着110名教师和1500多名学生的管理工作，因此在干部的安排上，我一直奉行"将合适的人放在适合的岗位"的理念。每年暑假，就是选黄金萝卜安放适合田园的时候。

如何选出"黄金搭档"？这也是我在管理上重点思考和探索的问题之一。

"凡事预则立，不预则废。"作为一个校长，要有对学校管理的长远规划。这也是一个学校能获得可持续发展的关键。无论是以党的十九大精神为指导，还是以中共中央办公厅《关于进一步激励广大干部新时代新担当新作为的意见》等文件精神为依据，抑或以学校人才队伍建设和事业发展需要为出发点，学校都需要选拔一批优秀的年轻干部。为什么要选拔年轻的干部？明代朱熹已有启示："问渠那得清如许？为有源头活水来。"学校的管理层时刻需要新鲜血液。年轻教师思维活跃，视野开阔，不拘成规，敢于突破。他们有着无限的激情和梦想，也有着大胆创新的想法与追求。因此，他们在熟悉了基本的教育教学管理常规之后，很快就会不满足于现状，希望能开拓出新的发展之路。对于学校管理来说，他们就是管理队伍中的新鲜血液，注定会成长为重要的发展力量。

近几年，我们通过竞岗选拔了一批在教师中评价不错的年轻人担任中层干部，到岗后尽管这些干部成长很快，但磨合期比我的预期要长，甚至有个别干部因为不适应行政工作而提出辞职。

如果能够在他们正式走向行政岗位之前，让他们对学校的行政工作有一定的了解，熟悉学校的管理运作，那么，他们在正式进入管理岗位后，其磨合期是否会缩短呢？带着这个问题，2018年7月，为了能够更好地培养一批年轻的行政干部，也为了能让行政岗位有后续力量，学校启动了中层后备干部选拔工作，先是制订了《中山一中中层行政后备干部选拔方案》，希望通过选拔机制选拔一批中层行政后备干部作为行政管理储备人才。我们先找到一批真正想干事、能干事的年轻人，让他们先跟岗学习，一有机会将随时走上行政岗位。此做法既呵护了年轻干部，又培养了年轻干部，促使他们快速成长。2018年7月，我们成功选拔出第一批6名后备干部，通过跟岗培训学习，目前他们均已走上管理岗位。

2019年7月，又一次后备干部选拔赛拉开序幕。此次选拔，我仅仅作为一个命题人，而评委全部来自教育一线的管理者，不仅有校级干部，还有年级部主任。根据选拔方案，选拔分面试和笔试两个环节。面试由两个部分组成，首先是必答部分，这部分要求回答一个简答题和两个情境题，其中简答题主要考查后备干部必须有的责任意识，情境题选取了中层干部在工作中会遇到的实际问题，给参加选拔的教师以"身临其境"之感，既具备实操性，又能考查这些教师的角色意识。然后进行答辩部分，需要参加选拔的教师们针对学校的新局面提出新见解，这就能体现教师的观察能力和思考习惯。笔试环节会给参加选拔的教师预留充分的思考时间，让他根据学校一些现存的问题提出切实可行的解决方案。

一天的考核结束后，我的内心欣喜无比。在经过去年的尝试之后，今年的后备干部选拔又有了更完备的考核细则，也呈现出更好的效果，从中发掘了一批有想法、想做事、爱学习的年轻人。此次选拔考核的成功，也引发了我的深深思考。如何才能为学校培养出优质干部？干部选拔出来后，还需对其进行重点培养锻炼，促其尽快成长成熟，努力成为一支素质优良、勇于担当的年轻后备干部队伍。年轻干部的日渐成熟跟学生的成长一样，都是学校管理结出的硕果。为此，我尝试从以下方面着手并取得了一定的成效。

一、搭建年轻教师学习平台

正如习近平总书记《在欧美同学会成立100周年庆祝大会上的讲话》所说："梦想从学习开始，事业从实践起步。当今世界，知识信息快速更新，学习稍有懈怠，就会落伍。有人说，每个人的世界都是一个圆，学习是半径，半径越大，拥有的世界就越广阔。"所以，我们需要为年轻的后备干打造阶梯式成长方案。

1. 学习培训

培训后备干部的方式很多，如参加管理培训班、到外校或外地区考察培训、参与学校教育改革发展中的重大问题的调查研究或理论研讨等。这些培训方式可以增进后备干部参与管理的意识，更新其教育理念，提高其管理能力。

2. 岗位历练

坚持定培养方向、定培养导师、定岗到人的具体培养措施，通过"中层管理岗位挂职""处室跟岗"等方式加强对后备干部的实际锻炼。通过上下交流、横向交流和不同岗位的交流，让后备干部在一定的管理层面上经历多个岗位，得到较为全面扎实的锻炼。

3. 自主学习

自主学习先进教育管理理论，联系实际研读管理案例材料，撰写随笔与反思，在实践中自学与消化，不断提升自我素质。

4. 交流分享

定期举行同期学员之间、学员与中层管理干部或处室干部之间乃至全校管理干部之间的学习心得分享交流活动，巩固学习成果，提高培训与工作实践相结合的成效。

二、激励资深干部进行自我总结反思

"风之积也不厚，则其负大翼也无力"，资深的中层干部是学校发展的"顶梁柱"，所以需要更深厚的管理能力。让资深中层干部担任后备干部的选聘工作，也是从侧面激励他们多学习、多总结、多反思，并在总结反思中积淀经验。用智慧启迪智慧，能让资深干部得到更深远的成长。唯有这样，我们的年轻干部方可"抟扶摇而上者九万里"。

总之，校长应该有爱才惜才的思想，并要努力为有能力的人才提供更多的机会和更大的舞台，为学校的管理人员搭建更高的平台。这样既能树立榜样，鼓励教师积极进取，又能激励干部自身加倍努力，奋发向上，追求卓越。

一个人跑得快，一群人走得远

有一次，约了一群朋友环绕金钟水库快走。一路上大家边走边聊，不知不觉绕着十几公里的水库走完了一圈，一点儿也不觉得疲惫，感觉还可以继续往前走。我自己一个人也经常到公园跑步，总想着赶紧跑到目的地，所以跑得快，达到目标后就很难再有动力继续往前跑了。同样是达标的锻炼项目，为什么结果会出现如此不同的差异？我陷入了深深的思索。其实，学校管理也是一样的道理。学校的管理要想做得轻松长久，团队的建设是关键。一个崇尚奖励个人的学校，也许短期内可以达到很好的效果，但难以走得更长久。学校是各种团队的有机结合体。无论是学校的决策团队、教师管理团队、学生管理团队，还是年级团队、科组团队、备课组团队、班级任课教师团队等，他们都在自己的位置上发挥着作用。让每一个教职员工都能在团队里找到归属感并积极参与其中，这才是我们管理者应该做的工作。

与表彰或激励个人相比，我更愿意表彰团队。表彰教师个人不如表彰其所在的备课组团队，表彰管理者个人不如表彰其所在的管理团队。当今社会，我们更需要团队精神。团队精神就是大局意识、协作精神和服务精神的集中体现。团队精神的基础是尊重个人的兴趣和成就，它并不要求团队成员牺牲自我，相反，不同的个性、不同的表现特长更能为团队完成任务提供保障。团队精神的核心是协同合作，最高境界是全体成员的向心力与凝聚力。明确的协作意愿和协作方式所产生的真正的内心动力、良好的从业心态和奉献精神是构成团队精神的精髓。个人的成功是暂时的，而团队的成功才是永久的。个人的力量是有限的，团队的利益、团队的目标重于个人的利益和目标。团队中如果人人都只顾自己的利益，这个组织一定会涣散甚至崩溃，团队没有了，团队的目标自然难以实现，个人的目标自然也实现不了，这就是"大家好才是真的好"的道理。用团队的力量来约束个人的行为，用团队精神来激励个人，这样一来，方可成就优秀的团队，自然也能造就优秀的个人。

大雁结队迁徙时往往排成"人"字形或"一"字形，前面大雁的飞行可以掀起一股向上的气流，从而减少了后面大雁的空气阻力，当领头雁飞累了的时候就会发出信号，队列中另一只强壮的大雁就会自觉地飞上去替补。正是这样一种善于奉献、团结合作的精神，才使得大雁能够长途迁徙数千里。当今社会，分工越来越细，任何人都不可能独立完成所有的工作，任何人也都可能会遇到难以解决的问题。教师之间的同伴互助，不仅能使教师个体在其独立劳动过程中完成自己的任务，也能通过与人合作，利用同伴的长处，达到共同成长的目的。备课组中，有的教师擅长做课件，课件做得很精致；有的教师擅长教学设计，教学设计重难点突出，其教学方法总是容易被学生接受；有的教师擅长课堂反思，其提出的问题总是让教学环节更加完善。相互合作的集体备课就是合理利用每一个教师的知识和技能共同解决问题，达到提高课堂教学效率的目标。定期活动、定期碰头、定期总结、建立台账、微信分享等活动让团队制度成为有效的运行机制，并且固化在每个团队成员的心中，渐而成为一种工作方式。学校制度的落地不是靠校长或者管理层里的一两个领导就能实现的，而是需要全体成员尤其是核心成员达成统一认知、长期坚持并共同完成。

迅速组团的能力也是一个学校运行效率高低的重要体现。学校经常会接到一些临时任务，这些任务往往涉及多个团队的配合。这时，我们需要打破原有团队的壁垒，围绕中心任务组建临时团队。如大规模的校庆筹备、校际的同课异构活动等，都在考验一个学校临时组团的能力。

在学校，除了许多专业团队和管理团队以外，我们也鼓励教师自发组成各自的兴趣团队。如学校的乒乓球协会、徒步远足协会、瑜伽协会等，这些兴趣团队都是对学校专业团队和管理团队的有益补充。

一个学校良好的声誉不是靠一两个优秀教师撑起的，而是因为有一个个优秀的教师团队。一所学校要想走得长远，不是靠校长、某个中层或某个教师，而是靠有机结合的一个个教师团队。因为我们明白"一个人跑得快，但一群人走得更远"的道理，所以我们一直在前行，也一直在进步。

团队评价是团队建设的关键

为了更好地实行备课组和班级这两个整体负责制，也为了凝聚备课组教师团队以及班级教师团队的力量，我建议相关部门增加两个教师评优评先项目：优秀备课组教师团队以及优秀班级教师团队。参评的备课组和班级教师准备好相关材料并做成课件，在教师会议上进行展示，然后进行民主评议。评审委员会根据上交的材料和民主评议的分数评选出优秀团队。展示的好处是可以让全部教师都知道该备课组或班级教师所做的工作，这既是一个展示的平台，也是一个交流分享和学习的平台，同时对该备课组或班级教师来说也是一个总结和反思的过程。

教师是学校教育工作的主体，教师的水平是衡量一所学校办学质量的关键。建立一支具有良好的政治业务素质、专业素质高的教师队伍，是教育发展的根本大计。学校要发展，就必须加强教师队伍建设。那么，怎样才能加强教师队伍建设呢？仅仅只靠期末的绩效考核是不够的，因为教书育人不仅是一份良心活，而且是一份潜移默化、慢工出细活的工作。学生的成绩固然重要，但是学生的成长比成绩更重要。在信息时代，很多知识都可以从网络上获取，教师这一职业也确实需要个体智慧，但教师又是一个特别需要传承前辈经验、借鉴同伴成果的职业。一个人仅靠自己的力量，大多数目标都难以实现，但若团结合作，我们就可以创造奇迹。

对学校来说，教师团队从大处来说指整个学校的教师队伍，从小处来说指的是一个个年级团队、一个个备课组团队以及一个个班级团队。日常的教学活动中，备课组和班级教师之间的联系更为密切，对学科教学水平的影响也更大。提高备课组教师团队的专业素养，对于提高课堂教学效果至关重要。集体备课是提高教师团队专业素养的有效途径。教师专业素养的提高除了外出学习外，更多的是靠校本教研。校本教研主要有三种形式：自我反思、同伴互助、专家引领。而同伴互助最常用的形式就是集体备课。备课、上课是教师的常规工作，一个人的备课是自我反思，但往往"独学而无友"，缺乏交流，智慧有限，资源有限，孤掌难鸣，而集体备课可以有效地解决这些问题。但仅仅靠一周两节课集体备课的时间就将备课组教师团队凝聚起来恐怕也不易。而一个班级的管理仅靠班主任一人的力量也是孤掌难鸣，只有所有任课教师齐抓共管，真正落实好全员育人，才能形成良好的班风、学风。

评价团队才能更好地激励并形成更加团结奋进的优秀团队。优秀团队的评选就是为了更好地形成团队。无论是在教师的管理方面，还是在教师专业水平的提高方面，团队管理无疑是最佳的方法。团队的智慧与力量是无穷的。合作与共享已经是当今社会的主流，这是一个合作共赢的时代。只有教师个人的思考与学科团队智慧有效整合，才能提高备课的质量，才能更好地提升教师专业水平，进而带动学生学习方式的改变，让课堂更加适应学生的学习需求，大大提高课堂学习的效率。

学校也是一个培养学生学会合作的地方，更是学生寻找同伴、寻求合作的地方。初中部的小组合作学习开展得颇为成功，因为它提供了一个很好的平台，能让学生学会与人交流、与人合作。在每学期的学生综合素质评价中，小组评价提供了一种发挥集体力量的途径，激励所有的组员为小组争得荣誉。小组评价的目的是让小组成员学会合作、学会关心、学会以团队的力量去竞争。这样的评价，对于形成小组成员的集体观念，对于促进团队成员的合作是十分有效的，对于中学生的成长显然也起到了很大的作用。

第四章

指向核心素养的课程

　　课程是学校教育的核心载体。习近平总书记说"让每个个人都有出彩的机会"。作为"全国STEM教育种子学校"及"全国中小学心理健康教育特色学校",打造适合学生发展的多元课程一直是学校的重点工作。我始终牢记教育的使命和职责,理解生命,尊重生命,对生命负责,以学生为本,让每个学生都有个性、有特长地发展。为了让每位一中学子都能享受高质量、高品位的教育,培养他们适应终身发展和社会发展需要的必备品格和关键能力,我们以提升生命质量为核心内涵,在"适性扬才,面向全体,关注个体"的课程理念下,根据加德纳的"多元智能理论",从学生修习和课程功能两个方面对国家课程、地方课程和校本课程进行了校本化重组。在"追求卓越,做最好的自己"的办学理念下,在传承百年一中以优质教育为主体的基础上,构建了"志、诚、品、学的一体两翼、适性扬才"的校本课程,打造适合每一位学生发展的课程体系。从2011年开始，我们将体、艺、综合等国家课程校本化，实行"1+N"选课模式（模块课程实行等级制），探索课程改革校本特色开发之路，开展术科模块教学创新实践，实现术科学科课程的全方位整合，丰富了素质教育的多元实施路径。

学校教育不仅要加强学生的道德教育，提高学生的思想修养，更重要的是提升学生的发展境界，促进学生素质的全面提高和可持续发展。在"和善而坚定"的德育理念下，我们构建了"认识自我—悦纳自我—挑战自我"阶梯式递进的德育框架及以"全员德育、全程德育、全方位德育"为路径的德育体系，努力把学生培养成"志存高远，身心健康，有社会责任感，有个性特长的中学生"。从2013年开始，我们构建"四礼"课程及学科拓展课程和精修课程，建立"课堂教学+拓展课程+精修课程+社团活动"的立体化整体课程模式，使课程建设与学校的办学理念、学校的历史以及传统文化相关，体现学校特色。

"志、诚、品、学的一体两翼、适性扬才"多元课程提升了学生的生命质量，也成就了教师的精彩。

"1+N" 的模块教学

为了落实立德树人，打造普通高中学生综合素质培养通用模式，有效提高学生的综合素养，为学生个性发展搭载平台，给学生更多的选择和学习机会，在"追求卓越，做最好的自己"的办学理念下，自2012年起，我们将体育、音乐、美术、信息技术、综合实践活动、通用技术学科进行多元化整合，向全校学生推送出30多个模块选修课，打破原有学科课程之间的壁垒，增加课程的灵活性，为每个学生提供多样化的选择机会，改变了课程结构的机械性，充分尊重学生的自主性。在学科课程中，每一个模块都是围绕一个特定的主题开展，即以模块为核心进行课程设计，实现了课程整合。此次改革打破了学科界限，实现了分科课程与综合课程的有机整合；打破了知识世界与生活世界的壁垒，促进了学生兴趣的培养和终身学习习惯的养成；实现了非高考学科从传统"行政班"转向"走班制"的教学模式，培养学生自主学习意识，满足学生个性发展。这种"1+N"模式，切实培养学生的个性特长，凸显学校"一体两翼"的办学特色，帮助学生做最好的自己。

2004年9月，学校率先在音乐、美术学科领域进行模块教学。首批模块教学，学校共开设了13个模块供学生选择，其中音乐教育开设了音乐鉴赏、管乐、语言表演、歌唱、舞蹈5个模块；美术教育开设了雕塑、中国画、电脑设计、硬笔书法、工艺、版画、剪纸、摄影8个模块。从2008年开始，根据学生的兴趣、爱好及特长，结合场地、器材和教师等实际情况，学校设立了篮球、排球、足球、乒乓球、羽毛球、健美操、武术、体育舞蹈等模块。2008年9月，综合实践活动课也走进改革行列，结合技术设计与制作项目教学，学校尝试将通用技术和综合实践活动整合教学，实现项目教学的常态化，并突出学校科技教育的校本特色。2012年9月，基于技术设计与制作项目教学的成功经验，通用技术和综合实践课正式实行模块教学。根据课程要求、学生兴趣以及社会需求，开设了航模设计与制作、电子基础与家电维修技术和基于3D打印的三维设计3个模块课。同期，信息技术学科开设了声音与影像的编辑制作、Web开发、视频鉴赏与制作模块、Flash动画设计、Photoshop图形图像处理、全国计算机等级（一级）考试培训6个模块。至此，学校在模块教学的推动下，"两翼"特色——体艺教育和科技教育特色越来越明晰，并在培养学生个性特长方面发挥了巨大的作用。

从2012年开始，我提出了"让每一位学生通过三年或六年的学习，收获文化知识的同时，掌握'1+N'种体艺、科技方面的特长"的目标。在做好校本教材开发、教学内容更新等工作的同时，又重点在课程实施效果和课程设置方面做出了重大突破。术科模块初步形成了艺术、体育、科技三大领域的课程体系，学生可以在自己喜欢的领域中选择相关的模块课程。

"1+N"模式可确保每个学生至少选修一个或以上的艺术模块，学生因此可学到至少一门艺术技能，丰富了学生的课余生活。校内，举办的艺术节、艺术社团展示、形象之星大赛、元旦晚会等丰富多彩的活动，均由学生自主策划、组织、参与和评价，为学生展示自己的各项才能提供了更大的舞台。校外，学生积极参与学雷锋服务集市活动、青年志愿者送文化下乡义演活动、"向毒品Say No"演唱会等社会公益活动和各级各类比赛。既做公益、展示才能，又激发学生学习一"技"之长的兴趣。由合唱模块学生组建的校合唱团，获第五届中国童声合唱节金奖、中国城市合唱节一等奖、中山市第五届合唱节金奖、中山市第六届合唱节特等奖、第十一届中国国际合唱节铜奖、第十一届中国合唱节银奖；管乐模块学生组建的管乐团，获第八届中国青少年艺术英才全国总决赛金奖、市器乐大赛一等奖；舞蹈模块学生获全国第四届中小学生艺术表演一等奖及中山市第二届原创舞蹈大赛特等奖。此外，模块教学在帮助每位学生掌握一门技能和特长的基础上，还培养了一大批艺术特长生。多名学生作为高水平艺术特长生分别被北大、清华、中央音乐学院、清华大学美术学院以及中央美术学院录取。

中山一中是广东省科学教育特色学校、中山市科普教育重点示范学校，科技教育是我校"一体两翼"中的重要一翼，科技类模块课主要由综合实践活动、通用技术和信息技术整合开设的一系列科普模块课组成。在模块课之外，学校还开设了航模、创客空间、模拟飞行、发明创造、机器人、科普协会等课外科技小组。模块课在于普及科技教育，课外活动在于兴趣发展：模块课优秀的学生，经选拔参加课外科技兴趣小组和科技社团，社团优秀学员再选拔进入学校各项科技竞赛队，这样就形成了从模块课、课外小组到校竞赛队的人才梯队，热爱科技的学生可以获得展现才华的机会。近几年，综合实践活动和通用技术模块课的学生在课余参加了各级青少年科技创新大赛、少儿发明奖、创客赛和航模大赛等科技竞赛，获国际级奖、全国奖项、省级奖近100项，市级奖近300人次；信息技术模块课学生参加机器人竞赛，获省级奖30多项、市级奖近60项，多名学生因为科技竞赛成绩突出，获得重点大学的自主招生资格。学校还定期举办科技节、科技模块课优秀作品展评等。此外，学校成功承办的"全国宋庆龄少年儿童发明奖活动""广东省青少年科技创新大赛"等至今仍在业内传为佳话。

体育课程内部也实施"1+N"模式，即学生在主修体育公共课的基础上，根据兴趣选修篮球、排球、足球、乒乓球、武术、健美操、体育舞蹈等多个模块课。体育模块课贯穿整个高中三年，学生可以选修至少6个体育特长项目，可以得到比较全面的体育技能训练。因此，学生体能素质水平相对良好，在全国中学生体能测试抽查评比中，学校学生体能测试成绩位列省、市前茅。作为全国中学生乒乓球协会理事单位、广东省乒乓球传统学校、广东省田径传统项目学校、广东省排球传统项目学校及中山市田径、乒乓球、篮球传统项目学校，学生参加国家、省和市级体育各项比赛多次获奖。据统计，自2008年以来共获金牌（杯）超200枚（座），培养了100多名国家二级运动员，向"211""985"高校输送学生近200人。

模块课的发展，不但为学生提供了广阔的个人成长平台，也为促进模块课教师的专业发展起到了推动作用。模块课教师可以开设本学科专业课程，也可以开设自己擅长或感兴趣的课程，促进了综合素质的进步，同时也提高了教育、教学和教研能力。

本次课程改革在课程结构上将课程纵向分为学习领域、科目和模块三个层次，并根据这三个层次构建课程，这在课程结构调整中是极具创造性的探索，它打破了学科界限，实现了分科课程与综合课程的有机整合。模块教学还打破了知识世界与生活世界的壁垒，促进了学生兴趣的培养和终身学习习惯的养成。学校原有的课程设置较多地关注了知识本身的逻辑顺序，在课程内容的选择上往往忽视或无法关注学生的兴趣和爱好，很多课程站在学校的立场可能是很好的知识传递，但对学生来讲，这些知识不一定是他们希望去掌握的，由此造成了教育的不对口，这样实质上是一种资源的浪费。原有的课程设计使学生都必须按照全国的统一要求进行学习，而课程的模块化设计则增强了课程的可选择性，学生在完成规定的必修课程之后，可以根据自己的爱好和特长，选择不同科目和不同深度的模块，使之更加贴合自己的需要和水平。这样既满足了学生的个性发展需求，也培养了学生的自主意识，为培养"有个性特长的一中学子"奠定了基础。

指向核心素养的德育课程

2014 年教育部研制印发的《关于全面深化课程改革　落实立德树人根本任务的意见》提出："教育部将组织研究提出各学段学生发展核心素养体系，明确学生应具备的适应终身发展和社会发展需要的必备品格和关键能力。"学生发展核心素养主要指学生应具备的、能够适应终身发展和社会发展需要的必备品格和关键能力。内容包括以下六大方面：人文底蕴、科学精神、学会学习、健康生活、责任担当和实践创新。作为学校特色课程的德育课程体系为培养学生的核心素养提供了沃土。

中山一中有着悠久的历史和深厚的文化积淀。根据学校的办学理念和培养目标，学校确定以"创和雅校风，做和雅学子"为抓手，以"志、诚、品、学的一体两翼、适性扬才"课程为载体，以活动为平台，让每一位学生都做最好的自己，构建具有独特魅力与个性特色的学校文化体系。培养"和雅"学子，并非朝夕促成，相应的课程体系必不可少。"和雅"体现一个人的综合素养，是一个人做人做事的风范。"和雅"指的是学生"举止文雅、品位高雅、学识博雅"，"和雅"就是要培养学生正确的价值取向，培养其美好的人格。德育必修课程是培养"和雅"学子的基础。如初中新生入学之初，学校精心设计新生适应性课程，编写《学生成长指南》，将规章制度的学习融于适应性训练当中，将纪律学习和学科学习以讲座的形式结合起来，培养学生的纪律意识、规范意识，使学生明确学校的要求，遵守相关的纪律和规范，尽快适应初中的学习和生活。学生的习惯养成是德育的重点，习惯的养成需要反复练习。为了让教师用理性的认知力来确保学生习得良好的习惯，学校提出"和善而坚定"的教育理念，"和善"强调的是教育过程的平等、尊重、沟通、友善和合作，"坚定"强调的是着眼于学生良好的综合素质和长远发展的教育目标与方向。对于规范意识的培养，学校提出"初一年级学规范，初二年级成规范，初三年级做示范"的目标，让每个年级的学生都有目标、有任务、有责任。开设"学长团"，让高年级的学生指导培养低年级的学生，这样的"传帮带"好习惯届届相传。学校坚守班会课这一德育主阵地对学生进行教育。根据中学生的身心特点与不同，根据我校的办学理念与办学特色，各年级主题班会课统筹如下：初一年级，认识自我，做最好的自己（走进新校园，立为一中人）。初二年级，悦纳自我，做最好的自己（人际交往）。初三年级，挑战自我，做最好的自己（立志课程）。

国家课程校本化，培养学生的个性特长。从2011年开始，学校将体艺、综合等国家课程校本化，实行"1+N"选课模式，实行自助餐式的选课模式，培养学生的兴趣爱好，发扬学生的兴趣特长，并实施模块课程等级制，有效提高了学生的综合素养。这样的改革，倡导新时代下的学生个性化、创新型培养理念，为学生个性发展搭建平台，给学生创造更多的选择机会。国家体艺、综合实践课程校本化，开创体艺、综合实践模块教学的创新实践，落实中山一中"一体两翼"办学特色，实现艺术学科课程的全方位整合，是丰富素质教育的多元实施路径。

活动课程，培养学生的综合素养。学校每年有艺术科技节，包括校运会、元旦晚会、形象之星、美食节、义卖节等。这些节日既是活动也是课程，亦可称为活动课程。除此之外，活动课程还有"四礼"课程等。每次活动，学校都当成课程认真规划，考虑环节的设计、课程的目标、课程的意义、课程的构建等。例如，学校一年一度的体育节都有一个主题，围绕这个主题，各班先进行研究性学习，并把研究性学习的成果做成板报，提前一周在校园主要宣传场所展出。校运会不仅是体育课的拓展和延续，更是培养学生集体意识和规范意识的好时机。每年的校运会主题均贴近时事，旨在培养学生关注天下的习惯和爱国爱校的家国情怀。校运会主题里赋予的内涵不仅拓宽了学生的视野，而且让学生在参与中提升了综合素养。

"四礼"课程是学校教育的重要载体，能有效地增强教育的影响力和感染力，培养学生的仪式感，提升学生的素质素养，促进心灵成长和生命绽放。入学礼使学生以良好的精神面貌进入新阶段的学习生活。成人礼促使学生成人自立，担负起家庭和社会责任。校庆礼通过开展校庆游园、校友活动、文艺表演、为母校献礼和表彰杰出学生等活动，以活泼温馨的方式打造校庆嘉年华，增强学生对学校的认同感和归属感。毕业礼则成为学生在离校之际最不舍的那一个片段，最难忘的那一道风景线。通过举办毕业礼，学校的角色也得以成功转换，成为校友们心中永恒的精神家园。

心育课程，为学生的成长保驾护航。教育部2017年8月17日颁发的《中小学德育工作指南》中，其第四部分德育内容的最后一点就是心理健康教育。心理素质是素质教育的基础与保证。健康的心理素质是学生成才不可忽视的因素。学校根据学生的身心发展特点，在每个年级开设心育课程。课程内容包括生涯规划、青春期教育、人际交往等，促进学生的健康成长。学校已经形成"适性发展，立志成我"的心理健康教育模式。2017年，中山一中被评为"全国中小学心理健康教育特色学校"。

校史课程，激发学生的自豪感和使命感。校史是一所学校重要的校本课程资源。追溯历史，在中山教育发展图卷中，中山一中是古香山文明教化的发源地。1692年，知县孔衍梅在南门兴办铁城义学。1748年，知县暴煜增修铁城义学易名为"丰山书院"。1908年，更名为"丰山官立中学堂"，开启现代学制，学校建校以此时算起。1949年12月27日，中山解放不久，中国共产党即派出领导小组正式接管中山县立中学，故12月27日被定为学校校庆纪念日。之后，中山一中数易其名，直至1985年2月13日，"中山市第一中学"校名正式确立。中山一中在中山市人民心目中占据着重要的一席，开设校史课程可以让学生更加全面地了解学校的发展历史，培养学生爱国爱校的家国情怀和责任担当意识。

随着学校的发展，学校德育工作逐步由校园德育向社会大德育转变。我们还开设了德育选修课程，适性扬才，让学生做最好的自己，如"校友/家长课程"，邀请社会知名人士、校友、家长来校开课，担任学生的成长导师；再如学校定期开展家长开放日，让家长参与学生的成长指导，以此拓宽德育的渠道，开发德育资源。作为课堂教学的补充，社团课程也是德育课程很重要的组成部分。学生根据自己的特长爱好，选择自己喜欢的社团，充分体现了学校"一体两翼、适性扬才"的办学特色。社团活动每周至少一次，上课形式多样，可以是老师，也可以是学生；可以是讲座，也可以是训练。所有社团的管理都由校团委负责，所有社团均配备指导老师，社团具体管理主要由学生自主负责。

时时是教育之时，处处是教育之机。校园里每一个学生活动都是一个教育的契机，都可以变得有意义而且充满快乐，丰富多彩的大课间、课外活动等均能促进学生身心健康，塑造"举止文雅、品位高雅、学识博雅"的学生形象，培养"志存高远，身心健康，有社会责任感，有个性特长"的中学生。

学校构建德育课程体系，放眼学生的未来，关注每个学生的成长，适性扬才，让每个学生的心灵都注满阳光。生命教育，润泽无声！

彰显主题教育的活动

每一所学校，无论大小，都会开展各种各样的活动，通过活动构建校园文化，通过活动达到育人的效果。那么，如何以活动为载体，在活动中凸显育人功能而并不是单纯地为活动而活动呢？

近年来，我们不断探索实践，以活动为载体，通过主题式学习，积极引导学生进行综合性学习活动，突出实践性和综合性，鼓励学生自主合作探究，培养学生的创新精神、合作精神和实践能力。

在我们学校，每年的校运会都有一个主题，如2012年是"我们眼中的世界"（初高中·奥运会）；2013年是"美丽中国"（初高中·全运会）；2014年是"我的大学梦"（高中），"美丽广东"（初中·理想教育及乡土教育）；2015年是"弘扬中华优秀传统文化"（高中），"美丽中山"（初中·爱国爱家乡教育）；2016年为纪念中山先生150周年诞辰，校运会的主题为"弘扬中山精神，心系家国天下"（高中），"伟人精神耀中山"（初中）；2017年的主题是"一带一路繁荣梦，兴国兴邦十九大"（高中），"同抒中华情，共庆十九大"（初中）；2018年是学校110周年校庆，所以全校主题是"我们一直在这里——校友归宁"。学生们通过研究性学习，学习研究与校运会主题相关的内容，在每年校运会的入场式上极尽才能地展示与主题相关的人文风情、历史事件、知名人士等。

主题式学习是指学生围绕一个或多个经过结构化的主题进行学习的一种学习方式。在这种学习方式中，"主题"成为学习的核心，探究成为学习的基调，而围绕该主题的结构化内容成了学习的主要对象，在教师的指导下，培养学生的创新精神和实践能力成了主题式学习的最终目的。主题式学习的前身可追溯至20世纪60年代的医学院教育，但其理念则可追溯至美国教育家杜威的进步主义学派，强调"做中学"的学习方式，并以活动、专题及解决问题等方式作为学习的主轴。主题式学习是围绕一个真实性、可以引发学生学习动机和求知欲望的环境，强调学习情境与真实世界相符合的学习；在学习过程中，学生需要与他人合作交流，并且建构自己的观点；提出学习成果，教师要对学生学习的过程以及学习成果进行评价。主题式学习模式有多种形式，这种文化版的主题式校运会则是围绕主题组织的，其不仅有学问的既定内容，还有和主题密切相关的拓展内容。它打破学科界限，围绕某一主题，涉及不同学科的内容、问题和活动，需要综合应用多学科知识和超学科的主题式学习，几乎不考虑课程领域、学科知识体系的框架。超学科的主题式学习属于综合实践活动范围，它们打破了学科之间的割裂状态，实现了学习内容的综合化，使学生在不同的学习内容之间建立有意义的链接，从而实现有一个相对集中、独立的主题；学习内容是经过结构化处理的；教师是主题内容的组织者；学生是主题的主动学习者，他们以自主探究与协作探究学习为主，是一种过程性的学习。

主题式学习模式作为一种新的课程形式，无疑是一种具有前瞻性和革命性的改革。通过活动，学生们在自我实践中不断体验，在体验中不断感受，在感受中不断思考，在思考中不断成长。但在活动的过程中，我们应该有针对性地选择活动，设计好活动方案，把控好活动过程，认真做好活动总结，避免活动的随意性、无序性。只有这样，才能凸显活动的价值，才能让学生的青春在活动中绽放，才能让活动成为学生一生中最美好的回忆。

人格健全发展的心育

每年的高考季，我们都会想方设法让学生放松心情，调整情绪。又是一年高考季，为了缓和高三学生心中的紧张焦虑，前段时间我让心理老师和体育老师一起策划了一场师生狂欢活动。利用第九节课外活动时间，年级部邀请部分家长与师生们一起在操场上跳兔子舞、钻"山洞"，放松心情。而几天后的夜晚，心理老师和音乐老师携手打造了一场短暂的音乐欣赏会。体育馆里，一首美国著名萨克斯演奏家肯尼·基创作的《回家》缓缓响起，吸引了全体学生的注意，并成功捕获了学生的心。随着音乐的缓缓流淌，全体学生逐渐陶醉其中，到后来，大家就一起哼唱了起来，气氛达到高潮。与乐舞动，与乐共鸣。在这一场音乐欣赏当中，学生的心情得到了全方位的放松。

自媒体时代，由于科技发展，信息传递快，人们对高考的关注度越来越高。对人的一生而言，高考是一个过程。考得好的，收获一份经验；考得不好的，拥有一份经历。但是，能通过高考进入重点大学学习的学生，至少说明在此之前的数年时间里，其主动学习的能力，分析问题的能力，知识积累、理解与掌握的能力，忍耐寂寞的能力，抗拒诱惑的能力，应对挫折的能力以及自律的能力等，都超过了止步于大学之外的学生以及一般普通类大学的学子们。高考不仅是对知识学习的总检阅，更是一种体力和毅力的挑战与考验，是意志品质的自我较量。

如今，人们面对的是快节奏的生活、高负荷的工作和复杂的人际关系，没有较高的情商难以获得更高的成功。情商的价值是无量的，它伴随我们的一生，它包括自我意识、控制情绪、自我激励、认知他人情绪和处理相互关系。情商是可以通过后天全面系统的课程培养提高并且改变的。提高情商是把不能控制情绪变为可控制情绪，从而增强理解他人及与自己或他人相处的能力。青春期是人生中一个比较特殊的时期，学生在面临学习压力的同时，又面临着生理、心理方面的变化。这些都会使他们产生心理失衡和复杂的心理矛盾，严重的还会造成种种不良后果，如叛逆、厌学、考试焦虑、与同学关系紧张等问题。学校教育不仅要教给学生知识，更要教会学生如何与人相处，如何调节自己的情绪。

2011年我被公选为中山一中的校长之后，就开始建设心理科组。一方面招聘专职的高素质的心理教师；另一方面在学校开设专门的心理健康室，这样有专门的时间与场所供学生到心理健康室进行咨询。心理教师除了在心理健康室接待学生的咨询外，每周还到班级开设心理健康课程。平时则有以下措施来保障：一是通过心理测评系统和问卷调查构建学生心理档案，了解学生心理健康状况；二是通过阶段性的问卷调查、访谈以及定期的"心理晴雨表"全面掌握学生的实时心理动态和在不同阶段的成长需求，协助年级、班级以及科组更具针对性地开展下一阶段的工作。

学校心育课程遵循学生身心发展的特点，围绕"成人成我"目标，通过"1+课程"教学模式，把提高全体学生心理健康素质和激发每一位学生成为最好的自己相结合，为学生全面而适性的发展打下坚实的基础。"1+课程"中的"1"指"做最好的自己"特色课程；"+"指个性课程，该课程从学生的自主发展需要出发，研究学生需求的多样性和可能性，使学生的潜能得到最大限度的开发。课程借助团体动力学理论，指引学生以"认识自己"（初一）→"悦纳自己"（初二）→"挑战自己"（初三）→"探索自己"（高一）→"超越自己"（高二）→"成就自己"（高三）为主线，通过励志型心理级会的形式，以励志为引领，重视学生精神的成长，促使学生始终保持昂扬向上的精神状态和强大的精神动力，用高远的志向引领学生，激发学生的热情，调动学生的积极性，培养学生超越自我的信念、自信的人格、坚毅的品质，最大限度地帮助学生成为最好的自己！

学校通过活动给学生搭建平台，丰富他们的内心体验，促进学生个性的多元发展，让每个学生都充满活力与灵性，让每个学生都有自己的个性特长，激发每一个学生的发展潜能，做最好的自己！为了帮助学生更好地了解自我，走进职业世界，激发学习内驱力，学校每年都会定期开展系列主题生涯规划活动。中山一中的新生开学后，要参加职业与兴趣、性格、能力等系列测试，学校会邀请杰出校友与社会各界成功人士开展系列职业分享宣讲活动，开展大型的"遇见更好的自己"模拟招聘会，组织暑假社会实践活动，等等。个性课程以蹲点式、示范式、"点菜"式和模块式等形式来开展，以增强学生心理强度、促进人格健全发展、恰当应对心理危机为目标，从初一年级至高三年级设置了包括入学适应、学习心理、人际交往、情绪管理、考试心理等8大篇章共97个主题课程。"+"课程的对象还延伸到了教师、家长群体，学校还定期给班主任以及家长开设专题讲座。这些年，我们通过全员渗透、全面推进，为学生成人成才，做最好的自己而创设理想的教育成长环境。

润物无声的仪式感教育

心理学中有一种锚定效应，当人因事物的不确定性而产生恐惧时，可以通过一段预测、设想的过程来降低内心的不安。仪式在某种程度上就是一种心理锚定，给人以确定感和秩序感。再小的事，只要带着仪式感去做，就能保持一份敬畏感，甚至能获得一些超越性的价值。对学生而言，体验和感悟才是最好的教育，只有学生真心感悟、亲身体验到的东西，领悟出的道理，才能最终沉淀到他的内心深处，成为根深蒂固、不易改变的一种素质、一种能力、一种习惯，并能伴其一生，受用一生。

当下社会处于前所未有的深度变革时期，多元文化的冲突与演变、不同的思潮与价值观呈现，使我们的生活越来越丰富，生活节奏越来越快，仪式感却越来越缺乏，导致我们的内心也变得越来越不安静。教育工作最重要的恰恰不是快节奏，而是一种宁静，一种仪式感。仪式感使某一天与其他日子不同，使某一时刻与其他时刻不同，让本来单调普通的事情变得不一样，甚至变成了你生命中最难忘的一刻。

教育是一种培养人的社会活动，学校是师生成长的地方。学校德育通过特色活动来实施和深化，而特色活动正是呈现仪式感的最好载体。通过一定的仪式来实施德育活动，让教育润物无声，让百年名校的文化积淀得到更好的传承和发展。仪式的参与增强了学生的体悟与认同感，帮助学生形成了正确的认知。学校教育的各种仪式丰富多彩，如建设"四礼"文化之精神家园特色品牌的入学礼、毕业礼、成人礼、校庆礼等。我们通过打造入学礼，把爱校教育、适应性教育和军事训练相结合，以师长指导、学长引领、教官规范等形式，使学生以良好的精神面貌进入新阶段的学习生活。通过打造成人礼，把成人教育和担当社会责任结合起来，以义务献血、义工服务和承担家庭责任等形式，促使学生成人自立，担负应有的家庭和社会责任。通过打造校庆礼，开展校庆游园、校友活动、文艺表演、为母校献礼和表彰杰出学生等活动，以活泼温馨的方式举办校庆嘉年华，增强学生对学校的认同感和归属感。通过打造毕业礼，开展生生赠别和师生互动等活动，成立同学联谊会加强与母校的联系，使学校成为校友们永恒的精神家园。

再如升旗礼，从小处讲是着装，从大处讲是爱国。一场升旗仪式必须有完整的方案，既要流程清晰，又要内容、主题统一，还要考虑主持人的临场表现、护旗队的进场氛围。总之，仪式要庄重，中心要突出，细节要到位。看着升旗手、护旗手着装规范统一、步调整齐划一、神情庄重严肃，听着激昂雄壮的国歌，注视着鲜艳的五星红旗冉冉升起，学生的庄重之心和爱国之情油然而生。升旗手、护旗手可由各方面表现突出的学生担任，并在仪式上介绍他们的先进事迹；国旗下演讲也可由爱岗敬业、业绩突出的教师担任，还可以邀请各行各业的先进人物、一中突出校友参加活动，或者结合读书演讲等时代主题活动来进行。这样的升旗仪式内涵丰富，更具教育意义，也更有激励性，意义会更丰满，更能增强教育的叠加效应。

印度著名诗人泰戈尔曾说："不是槌的打击，乃是水的载歌载舞，使鹅卵石臻于完美。"在德育过程中，"槌的打击"式的疾言厉色纵然会发挥一定的作用，但并不一定会比"水的载歌载舞"式教育好。水坚韧而灵活、温柔，水滴石穿悄然无声，但持之以恒的坚韧力量总能在岁月中留下其温柔的足迹。在德育过程中，仪式感如水一般，是一种庄重而无声的力量。仪式感的德育活动无痕，但其力量在潜移默化中塑造。注入仪式感的德育活动，让仪式发挥着承载文化符号的功能，不仅涵养着我们的文化自信，更触碰着学生内心的真善美。日常看似固定的小小举动，实则让学生渐渐形成了对生活的理解，乃至形成一种人生的态度，这便是教育所特有的"润物细无声"的力量。

和雅温馨的宿舍文化

中山一中是全寄宿制学校，非节假日有7300多名学生在校园里住宿，因此，我提出了"德育工作从宿舍开始"这个观点。德育从宿舍抓起，既是全寄宿制学校的需要（因为学生在宿舍的时间长），也是德育养成教育的需要，但是德育从宿舍抓起并不意味着德育只是宿舍管理，而是把宿舍作为德育的一个主阵地。

在《中山市第一中学中长期发展规划》里，我们明确提出学校要实现从特色化办学向"文化铸校"的跨越。在学校文化建设工程中有一项就是发展学校特色文化，"创最好的宿舍"就是其中之一。我们提出创建"和雅宿舍"的活动，以学习"105宿舍"（注：该宿舍7名学生，勤奋好学，善于思考，共同打造了温馨和谐、积极向上、团结互助的宿舍氛围）为契机，倡导环境幽雅、举止文雅、品位高雅的宿舍"雅"文化，让宿舍成为学生温馨的家园，充分发挥宿舍文化对学生成长的正向影响作用。

宿舍不仅是学生生活、休息的地方，也是学生学习的另一场所。宿舍不仅是学生之间沟通感情、交流思想的重要场所，还是学生心理健康、自主自立能力培养的重要区域。相对于有教师群体陪伴的教学楼，宿舍远离督促，是一个最能凸显本性、让人放松的地方。住宿风气的好坏直接关系着校风建设的好坏。由此可见，宿舍管理是学生管理的重要一环，完善的管理制度有利于宿舍氛围的养成与和谐宿舍的构建，有力的宿舍管理有益于学生宿舍安全系数的提高与学生的健康发展，良好的宿舍环境有利于学生生活质量的改善与学习环境的优化。

我国著名教育家陶行知先生说过："教育就是生活，生活就是教育。"宿舍管理就是在生活中实施教育的一种形式，学生生活习惯的养成往往决定着学生学习习惯的养成，决定着学生的个人素质。常规的宿舍管理是底线，营造有序的环境和氛围，引领学生健康成长，打造"和雅"宿舍，创建最好的宿舍文化是我们追求的目标。

宿舍不仅要管理，更要引领。为了更好地引领学生学会生活，学会与人相处沟通，培养良好的生活习惯、志趣爱好等，提升学生的个人修养，我们提出创建"和雅"宿舍的活动。

"和"不仅是指学生之间的和谐相处，也指师生之间的和谐相处。我要求年级行政、班主任每日必到宿舍，要求每个党员教师联系一间学生宿舍，让每个党员教师担任宿舍的联系人和引导者，要求教师在午饭后或傍晚去宿舍，可以找学生聊天等，就是让教师了解学生、多关心学生的生活，营造其乐融融的师生互动氛围，以师生的和谐促进生生的和谐。

"雅"是指"环境幽雅、举止文雅、品位高雅"。环境幽雅就是要求学生做到宿舍干净、清爽，居住环境好，每个学生都要学会整理好自己的内务。举止文雅就是要求学生提高自身的涵养，言谈举止温文尔雅，有礼貌，不大声喧哗，具有绅士淑女风范。品位高雅指的是一个人的品质、趣味、情操、修养高雅。最主要的一点就是要提高修养。修养包括品格的修养和文化艺术的修养。品格的修养是一个人最根本的修养，它能从内在提高一个人的品位。如果一个人的品格高尚，正直、正义、宽容、有爱心、有责任感、进取、勤奋、豁达等优秀品质也将会在他身上体现，那么这个人所表现出来的品位自然也是高的。品格的修养体现品位高雅中的"高"，而文化艺术的修养则体现品位高雅中的"雅"。这就是说，提高了一个人文学方面的修养，那么他谈起话来就有内涵，语句就会文明优雅。提高了一个人美术方面的修养，提高了他审美的情趣，他穿衣等就懂得色彩的和谐搭配。提高了一个人音乐舞蹈方面的修养，那么他举手投足之间，说话的声音、表情等都会自然而然地流露出一种美感。若有人问，"雅"从何而来？我会说，"雅"从读书中来。这就是宋代大文豪苏东坡所说的"腹有诗书气自华"。

打造宿舍外部的幽雅环境，让幽雅的环境"浸润"出优雅的人才。在每层楼摆放象棋、军棋等棋类，既可以供学生放松身心，又能营造符合学生成长的文明氛围。在每层楼设置图书角，提供一定数量的图书、报纸、杂志等供学生阅读，通过推广"宿舍共读一本书""读书手抄报评比"等活动，再

第四章 指向核心素养的课程

适当地开展"卫生（文明）宿舍""免检宿舍"以及"最雅宿舍"等评比活动，既能促进学生宿舍内务以及纪律的建设，也能促进学生"举止文雅、品位高雅"的养成。

苏联著名教育家苏霍姆林斯基告诫教师："请你记住，你不仅是自己学科的教员，而且是学生的教育者、生活的导师和道路的引路人。"中学生正处于思想和心理的转型期，呈现出复杂化、多元化、易变化的特点，学生的宿舍环境直接影响到学生的身心健康，对学生道德修养的提高、高尚情操的培养、世界观的形成都起着重要的作用。我们把宿舍作为党建和思想政治教育的基地，给学生营造积极健康的宿舍人文氛围，培养学生正确的人生观与价值观。功夫不负有心人，我校二〇一二届"105宿舍"有4人被清华、北大录取，并将暑假补习所赚的钱全部捐给母校的希望工程。二〇一八届"103宿舍"的5名室友齐上清华，让人赞叹。这些事实都证明了一个道理：加强学生的宿舍管理，打造"和雅"宿舍，全面提升学生的综合素质，能培养出德、智、体、美、劳全面发展的社会主义建设者和接班人。

学生心灵的栖息地

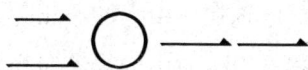

二〇一一届的一位学生在一中泡了三年图书馆，读了几百本书，各类图书都有涉及。现在的他在一家大型企业里做主管，每次想起在一中读书的三年时光，他都充满感激。那泡在图书馆的日子已经深深地刻在他骨子里，也深深地触动了我的心：学校是书香校园，图书馆也应该是学生学习和成长的地方，但在如今的中学校园里，"两耳不闻窗外事，一心只读圣贤书"的学生已然不多见了。随着社会的发展，网络、多媒体的出现，书籍的地位在年青一代的心目中已经大打折扣。因此，引领学生们读书，就成为中学校园的重要使命。

在学校的一些角落，我们设置了图书角。图书角有大量的图书，也有供学生阅读的桌椅。学生自由借阅，然后自行归还。在图书馆里，我们也设置了浅阅读区和深阅读区。图书馆实行藏、借、阅一体化的全开架管理模式。"以藏为主"向"以用为主"的模式转变，打造了开放式的阅览空间，最大限度地方便学生。在这种空间布局下，藏书充分展示在学生的面前，书与阅览桌合理融合在一起。馆内设有自助还书机和自助查询机，学生可以自行快捷还书、自主查询资料。图书馆还设立了学生图书荐购平台，学生可直接留言填写荐购信息。图书管理员收集、整理相关留言信息并回复，再将书目纳入下一次采购的计划书单，以备挑选。这种"学生选书、我购书"的购书模式，将选书权交给读者，根据读者需求进行合理调整。在实际操作中，我们发现学生推荐的大部分图书具有高可读性、高质量的特点，对图书馆资源建设具有重要的参考价值，也有助于图书馆优化馆藏结构、提高资源质量，打造一个真正为师生所喜爱的图书馆。

与校园内开放式的图书角一样，学生可以携包自由进入图书馆阅读，不需打卡。我深信，一个爱阅读的学生不会随意对待一本书，更不会弄丢一本书。我也深信这种宽松、自由、舒适的环境能引导学生诚信自觉，让学生感受到被信任和被尊重，从而在潜移默化中传递诚信的美德，这正体现了中山一中校训中的"立诚"教育。

安静良好的阅读环境，才能保证学生专心致志、心情愉悦地阅读。近年来，图书馆通过改善环境、丰富资源、主动服务、创新管理等吸引了大量的学生。在图书馆的每个角落，我们都能看到学生们沉醉于书海世界的身影。图书馆已成为学生心中十分向往的场所，也成为每一届一中人念念不忘的地方。那些年待过的图书馆，那些年读过的书，早已刻在一中人的心田上，成为学生时代的最美记忆。每一段读书时光，都将成为生命中的最美时光。课间时分，校园内人来人往，但图书馆的阅览室里只见埋头阅读的学生，非常安静。这里没有喧嚣，没有躁动，只有书香暗溢，是如诗一般静谧悠远的世外桃源。

阅读到底有多重要？阅读对学生能起多大作用？苏联著名教育家苏霍姆林斯基在《给教师的100条建议》一书中，有30多个章节涉及"阅读"问题，有5个整章对阅读进行了专题探讨并提出了很多极富见地的科学主张。比如，"必须教会少年阅读""阅读是对'学习困难'的学生进行智育的重要手段""'思考之室'——我们的阅览室"等。苏霍姆林斯基说："让孩子变聪明的方法，不是补课，不是增加作业量，而是阅读、阅读、再阅读。"他认为，只有能够激发学生去进行自我教育的教育才是真正的教育，而自我教育从读一本好书开始。

1998年，世界经合组织研制了一个关于"现代人"的标准的国际性评价，"阅读素质""数学素质"和"科学素质"被视作现代人必须具备的三大素质，"阅读素质"排在首位，是现代人终身学习必须具有的最基本、最重要、最关键的素质之一。我们设立图书角与建设图书馆，就是希望可以为孩子们打开另一扇窗，为孩子们创设一个心灵的栖息地。良好的阅读氛围提高了孩子们的阅读热情，孩子们在阅读中迅速提升品位，不断走向成熟。

站在学校中央的教师

　　人们常说："教师是太阳底下最光辉的职业。"教师之于人类是灵魂的工程师，是文明的传播者；之于学校是发展的核心动力，是第一生产力，关乎学生的学习质量，关乎学校的持续发展。用习近平总书记的话说："教师是立教之本、兴教之源，承载着传播知识、传播思想、传播真理，塑造灵魂、塑造生命、塑造新人的时代重任。"培养造就一支教育家型的教师队伍，既是党和国家的大力倡导，也是新时代的热切呼唤、全社会的共同期盼，更是教育自身发展的内在要求。对于一所学校来说，打造和建设一支爱岗敬业、好学善教、有教育理想的教师队伍关系到学校的发展轨迹和未来命运。一所学校最好的生态就是教师站在学校的中央。

　　中山市第一中学——中山现代教育的源点，在漫长的历史长河中，涌现了一批批优秀的教师，培养了数以十万计的人才。20世纪五六十年代，学校特别重视课堂教学，开展了大量的教学改革和实践，取得了出色的教学成果；其专业扎实、师德高尚的教师形象，早已成为很多老一中人心中永恒的记忆。新的时代背景下，在大规模办学的现实基础上，加强师资队伍的建设、探索大规模学校教师专业发展的模式、让"追求卓越，做最好的自己"的办学理念成为每位教师的自觉追求仍是学校工作的重中之重。

站在学校中央的教师

　　一所学校的发展，关键在于教师，也就是说，教师队伍建设直接决定了一所学校的教育教学质量。在社会转型与发展时期，经济的发展和社会的进步以及教师地位的提升让教师整体素质得以提高。但不可否认，在多重因素的影响下，教师的奉献精神、道德素养、价值追求也受到了不同程度的挑战。正所谓"人必先自重而后人重之"，教育者首先要自己敬重教育这个行业，然后才能得到社会其他行业的敬重；学校首先要自己注重教师队伍的建设，然后才能得到教师、学生、家长和其他社会群体的重视；教师首先要自己注重专业能力和职业素养的提升，然后才能在教师专业成长与发展方面得到他人的尊重和支持。在学校发展新阶段，我将"教师第一"作为学校提升教学质量的发展策略。

　　坚持"教师第一"，就是要确定教师在学校的核心地位，将教师放在学校的中央，故首先应做好为教师服务的工作，让教师的身心回归课堂、回归学生。美国知名学者麦克尔·波特在给中国国企高层主管培训时说，企业管理的境界有三个层次：第一层次，让员工把事情做规范；第二层次，让员工成为该职位上的专家；第三层次，让员工感受到工作是一种生命历程，感受到生命因工作而快乐。我们可以将第三层次理解为"职业幸福感"。让教师感受到职业幸福感，是一项复杂而又长期的工作，其重中之重是"文化引领"，即通过学校文化建设加强教师队伍建设。在学校中长期发展规划中，我将"爱岗敬业、好学善教、有教育理想"作为教师发展的目标。我想，一个爱教师岗位、敬重教师行业的教师，会是一个将身心安放在教育行业的点灯者；一个爱学习研究、善于教育教学的教师，会是一个受学生爱戴的引路人；一个有教育理想的教师，将是一个"永远走在学生前面"的领航者。

"追求卓越，做最好的自己"的办学理念包含了"教师做最好的自己"的板块，这一理念要求教师与学生共成长。教师的教育行为要聚焦学生、聚焦学生成长、聚焦学生自然地自由自觉地成长；而伴随其成长的教师应成为一名"有理想信念、有道德情操、有扎实学识、有仁爱之心"的卓越教师。"追求卓越，做最好的自己"要求教师德艺双馨，要以高质量的综合素质引领学生。在教育教学过程中，优秀的教师心中应有"学情"，细致了解学生的实际学习情况，主动去适应学生，带着学生走向知识，是学生求学路上的引路人。同时他又点燃学生心灵的灯，照亮学生求学的路，促使学生成为他自己，成为更有温度、更具质感的自己，成为更加聪明、更为高尚的自己。"追求卓越，做最好的自己"要求教师因材施教，适性扬才。教师要从学生的实际出发，使教学的深度、广度、进度适合学生的知识水平和接受能力，同时考虑学生的个性特点和差异，使每个人的才能品行在学习中获得更大乃至最佳的发展。

　　从学校看，坚持"教师第一"既要在精神上做好引领，还要在现实中做好工作——在平台上创造机会，促进教师专业发展。比如，通过创新管理机制来加强教师队伍建设。教师作为教学的专业人员，势必要经历从不成熟到相对成熟的发展历程。学校不仅要给教师提供充分展示才华的工作舞台，还要构建使每位教师专业得以继续成长的空间。在成长过程中，教师应该渐渐具备自己的教育思想、教育风格、教育能力，对教育活动有自己的见解和追求。优秀教师应该能够把从教过程变成实现和提升个人生命价值的过程。中山一中整体实行扁平化分层管理，在教师团队管理方面实行了一套行之有效的"化整为零"的措施。扁平化分层管理并没有削弱学科教研组的职责，而是形成了两条线，并由此对学校教师队伍建设起到促进作用。一条线是教学处和学科教研组，负责引领教师的专业成长。另一条线是年级部和备课组承担教师的日常管理。学科教研组是本专业的权威，在教学处的统筹指导下，学科教研组负责科组教师的专业引领。结合课程进度和教学改革、教育核心问题等，学科教研组对本学科在大方向以及教师的基本功方面制定标准、提出要求，对本学科教研内容进行整体规划，负责学科组教师专业上的规范培训，负责每月对本学科教师进行校本培训，通过开展如命题、解题、说课、公开课等教学技能比赛或理论学习等一系列活动来提升教师的教学科研能力。备课组是教师最基本、最主要的学习型组织，是年级教学最重要的环节，是落实要求的主体。在年级部的管理下，备课组对年级本学科的教学质量负责，管理年级本学科的教师，负责本学科教师具体的课堂教学等教学常规的检查和落实。

从长远看，坚持"教师第一"，加强教师队伍建设的有效途径就是将教师集体建设成为学习型组织，使教师集体成为教学、学习与科研紧密结合的组织，使之积极主动参与学校管理。教师应该"在工作中研究，在研究状态下工作"，研究自己在教育教学中遇到的问题，研究自己课堂教学的有效性。如果说一个教师的全部使命就是教书育人，那么所有的教科研都应为教学服务，我们不希望出现会做科研、会写文章、会上公开课但教学业绩不好的现象，所以我们确定了以"高效课堂教学"为抓手，推行"教研培一体化"的方式，这样在实际的工作中既优化了工作程序，减少了教师的工作压力，又科学地注重教学实效。我们通过"教研培一体化"工程的建设与实施，提升教师思想品质，关注教师的生命质量，引领教师专业成长，让教师与学生共成长，使管理上升到文化自觉，实现"建设爱生敬业、好学善教、有教育理想的优秀教师队伍"的目标，使教师真正成为推动学校发展的积极力量。

毫不夸张地说，一所学校的发展史首先应该是一部优秀教师队伍的建设史。

让教师自觉成长

教师是学校的灵魂，教师队伍的水平决定了学校的发展空间。为促进教师专业成长，提升教师综合素养，近年来，中山一中在"教师第一"的理念下，构建了具有自身特色的教师专业成长体系，通过校内外各种平台和途径，助力教师在专业道路上稳步发展。比如，采取讲座、短期课程和外出学习等外输式培养方式以及"课例研究"等内发式专业发展方式，借力外部教研人员及高等教育研究资源，开展"以教科研项目为推动、以实践问题为先导"的教师合作发展方式，构建教师专业发展的"四级阶梯"以及实施"教研培一体化"工程等。

任何课程改革的理念与举措，唯有先转变教师的信念和行为，才能发挥其教育作用。中山一中通过各种形式的培训、交流活动，开阔视野，丰富知识，改变态度，转换思维，改变思想，促使教师专业技能的发展。我们不仅大力开展"以研促教"的教研工程，还举办以"高效课堂"为主题的教育研讨会以及同课异构活动，聚焦课堂，提升教师专业素养。此举收效颇大，也受到了同行的高度赞许。

为实现"教研培一体化"，学校在制度建设上为教师专业发展提供了保障。制度的力量从根本上来讲是一种思想的力量，但是要让教师发自内心地关注自身的专业发展，还需要我们更进一步创新教师专业发展的机制。机制就是制度加方法或制度化了的方法。有效的激励机制能激发、调动教师的内在驱动力，开发教师的潜力，增强教师的自我发展能力。

以提高教师的基本功为例。教学基本功是教师应掌握的基本职业技能。学校对教师的教学基本功有明确的制度要求，但是要如何落实才能让教师更乐于接受呢？于是"以赛促培"的激励机制出现了。每年的教师解题大赛、教师课堂教学比赛以及传帮带式"青蓝工程"等教研活动，就采取了"以赛促培"的激励机制，也收到了很好的效果。例如，讲题大赛前，先发给参赛教师100道高考大题，比赛时随机抽取其中一道题进行讲解。这样，每位参赛教师的能力在备赛的过程中就已经得到了培养和提升，并非只有最终获奖的教师才得以提升。在解题比赛中，让参赛教师同步参加高三学生的模拟考试，成绩与高三学生一起排名，排在年级前200名的教师获得解题能力大赛特等奖，并获得下一年的免试资格。学校的"青蓝工程"不是简单地检查师徒的互相听课笔记，而是让徒弟们进行教学比赛，比赛结果则由师徒一起承担，但是算师傅的业绩。这就是让结果去督促过程的落实，让师傅心甘情愿地教导，让徒弟自觉努力地成长。为了提高教师们的理论水平，让教师养成爱读书的习惯，我们并没有强硬地用制度来规定，而是主动送书：每学期通过学科教研组给教师发书。每次送书的书目也是精心挑选的，预先经过教研组全体教师讨论、汇总后再上报购买。每学期开学初，在教研组内甚至在全校教师会议上进行读书分享交流。这些灵动的教学和研究活动，在不知不觉中影响着教师，促进他们研究学生、研究课堂，也促使他们自觉读书、深入思考、自觉成长。

每所学校都应该有相应的制度督促检查课堂教学的有效性。全力打造优质课堂是学校的工作重点，学校制度规定每位教师一学期要上一节公开课，要听同行若干节课。对此的督促检查很容易，但是实际效果却不尽如人意，于是推门课顺势而出，但推门课给教师带来一定的压力，这并非我们所愿。如何在两者之间取得一个平衡？于是我们尝试进行改革。首先，改听课为观课，改评课为议课。听课的重点在教师，观课的重点在学生。观课不会让上课的教师产生压力，而且能够引导教师从关注自己的"教"转变为关注学生的"学"。评课时大家都习惯性地说好话，而议课却以平等对话为基础，是基于教学案例的讨论，把授课教师的问题当成自己的问题，共同研究问题、解决问题，在解决问题中共同进步。其次，我们开展不同层次的课型比赛，如青年教师的汇报课、骨干教师的研讨课、优秀教师的示范课。另外，学校还搭建各种平台，与江浙沪等地的名校一起通过联合的方式，举办"高效课堂"的教育研讨会、同课异构交流会等活动，旨在倒逼教师自觉地提升课堂教学水平，也促使同备课组的教师集体努力、共同进步。同课异构的过程是一个集体研究教学的过程，该过程虽辛苦，但结果甚为美好，不但打开了大家教学授课的思路，而且促使大家在此过程中得到了提升，收效颇佳。"痛并快乐着"，如此便形成了良性循环。令我欣喜的是，教师们从开始的害怕、不愿意到后来的积极主动参与，真正实现了教师自觉成长。

制度是要求大家共同遵守的办事规程或行动准则。学校可以制定制度，但制度太多太死板，教师的工作环境、氛围可能会压抑。从心理学的角度看，大部分人只愿意做自己认同的事情。机制就是让人发自内心地遵守游戏规则，在很大程度上能让当事人心甘情愿地接受。从字面上理解，机制的"机"就是发动机，发动机就是产生动力的源泉；机制的"制"就是规则、规矩的意思，无规矩不成方圆。其实每个教师都有动力和阻力，机制就是调动教师的积极性、主动性，让教师的动力大于阻力，乐意接受工作，自觉主动成长。

只有构建一个健全的机制并让其顺畅运行，才能有效保证制度的实现。机制制定的根本就是永远要有利他的思维，只有你具备成就他人的思想，他人才会把你托起。机制有利于制度的改革和完善，能够充分调动管理活动主体的积极性。作为学校的管理者，我们要将机制的思维意识系统牢牢地植入学校的各项管理中，尤其是在教师的管理方面，更需要我们极具智慧，不断完善各种机制，促使教师自觉成长。

教研培一体化

教师的专业发展是教师队伍建设的重点。时代呼唤培养具有创新精神和实践能力的复合型人才，呼唤具有创新精神和实践能力的教师，有效培训模式的研究便是我们面临的新课题。"教研培一体化"模式的构建就是促进教师专业化发展的有效途径。中山一中通过创建"教研培一体化"的专业成长机制，让教师不由自主地迈开专业成长的步伐，让许多教师脱颖而出，在教师专业成长的道路上越走越有收获，越走越欢喜，越走越宽广。

"教研培一体化"是教师根据自身的教育教学实践，以课堂教学为主阵地，将课堂教学中遇到的问题进行专题研究，通过自我反思、同伴互助、名师引领或专业培训，将研究成果转化为培训课程，边培训、边研究、边实践、边推广。"教研培一体化"让教师在教学、教研和培训三者之间的有效互动中，通过"在教中研""以研促教""以培促教"的理论联系实际的实践操作模式，实现自身的专业发展。

培训是"教研培一体化"的推动力。学校培训处负责教师的"培"。传统的教师专业发展培训模式是聘请专家来学校举办讲座，或组织教师外出学习，参加短期课程等。这种"外输式"的教师培训方式只能用来更新教育教学知识和改革理念，往往缺乏与教学实践直接相关的知识和问题讨论。为弥补"外输式"的不足，中山一中探索了"内发式"的教师培训方式。这种培训方式是基于学校内部，基于学科教研组内部的教师培训，针对教师群体学习文化和学校整体研究氛围的形成，采取改进校内教研组建制，完善帮教导师的"青蓝工程"。"课例研究""听课—评课""观课—议课"等具有自我反思性的内发式专业发展形式促进了教师教学实践知识和教学能力的发展。

中山一中教师专业发展项目针对性强、系统化衔接性强，而且层次分明、梯度上升。针对教师所处的不同发展阶段设计不同的培训项目。例如，开展"班级管理""学生指导""教学设计"等项目的新教师入职培训；开展"合作学习的指导""德育常见方法""课例研究"等项目的熟练教师（青年教师）的培训。针对骨干教师，除了推荐参加市级培训以外，还组织开展"卓越教师工作坊"，聘请专家对这部分教师进行"教学风格的形成""校本课程组织与开发""课题申请与实施指导"等项目的专业培训。聘请资深人力资源总监来校对学校中层行政开展"教师的发展性评价""项目申请与实施指导"等专业项目培训。制订《中山市第一中学教师专业成长"四级梯队"及"教学能手"评选方案》，为教师个性定制发展方案，通过教师阶梯发展的运行模式和奖励机制，搭建教师专业成长平台，完善"教坛新秀—骨干教师—学科带头人—教育名师"的教师成长阶梯，为教师搭建多元的持续发展路径，让教师在各自的岗位上得到肯定，获得成就感和价值感，进而提升他们的自我效能感。

为帮助一批在专业发展上处于瓶颈期的教师，使之跨过瓶颈期，从优秀走向卓越，中山一中还采取"合作式"教师校本培训方式，成立"卓越教师工作坊"。"卓越教师工作坊"是我主张的教师专业培训中的一个重要项目，是借助华东师范大学教育部中学校长培训中心的教育研究资源，引进先进教育思想、办学经验和优质教育资源，开展以教科研项目为推动、以实践问题为先导的教师培训项目之一。通过专家的理论引领、观摩同行以及自身实践与反思等形式，推动教师在教育教学实践中研究探索，提炼教育思想，追求卓越，做最好的教师。培训内容涵盖教学、教科研以及德育等方面，思想上有教育教学理念的培训更新，实际操作上有同课异构等教学实践活动。高校教育专家根据教师的个人发展愿景及规划进行相应的指导，完全是基于教师主动发展的需求进行培训。借助教育部校长培训中心的平台，中山一中以举办教育教学研讨会、教师微讲座以及同课异构等形式开展培训活动。迄今为止，中山一中已成功举办了两期"卓越教师工作坊"培训活动，现正在进行第三期教师培训。此外，中山一中还成功举办了四届聚焦"高效课堂与教师专业发展"的教学研讨会。教学研讨会邀请了江浙沪等地的教育专家点评，开展了六次大型的校内外同课异构活动和二十多人次的教师微讲座……这一系列活动对中山一中乃至全市教师的专业发展起到了一定的辐射引领作用，开创了U-S模式下教师培训的运行模式。

以赛促培是中山一中"教研培一体化"中的另一项重要内容，利用省教师教学技能比赛的契机，使学校教师专业发展的培训项目与省教学竞赛相互配合。一方面利用学科教研组，聚焦教师发展的关键领域，如课程标准解读、教学设计、课堂实践、说课、命题等，展开竞赛内容的设计；另一方面根据竞赛结果，针对教师的能力弱项提供及时的专业提升培训。通过竞赛，我们还发掘出一批优秀的教师，并据此打造校本培训专家团队。传统的校本培训是将教师作为培训对象，教师是被培训者。中山一中通过搭建各种平台，让一中优秀教师成为培训者。近年来，通过教学竞赛的鉴定以及卓越教师工作坊培训专家的甄选，学校聘请了一批参加省竞赛获奖的教师以及卓越教师工作坊里的优秀教师，组成了校本培训的专家团队，成为校本培训活动的设计者、组织者和主讲人。教师从被培训者到培训者的角色转变过程就是成为教育教学研究者的过程。校本培训为学校专家团队提供了展示交流的平台，使他们意识到自己的智慧分享对于学校发展的价值，也进一步提升了他们的主人翁意识和专业发展的主动性。

为让校本培训真正落到实处，使教师的内驱力能不断推动专业发展，我主张进一步完善相关的教科研制度，为教师的校本研究保驾护航。例如，校本课题的申报制度、校本教师培训"青蓝工程"制度等，既重过程又重结果，既重个体又重整体。教师专业发展评价分基准评价与发展性评价两个层次进行，基准评价的要求是所有教师在日常教育教学工作中都应达到的及格性要求，发展性评价的要求则体现为遴选教学名师或名班主任的时候所依据的选拔性要求。这种形成性的教师专业发展评价为体现教师自主、自觉与自信的内生式教师专业发展提供了持续成长的不竭动力。

无论是"教""研"还是"培"，都有一个共同的指向，那就是课堂教学。课堂施教者是主体，教研、培训是杠杆，是催化剂，只有以解决以往课堂教学中存在的根本性问题为目标的教研和内容更贴近教师教学实践的培训，才能实现教学、科研和培训三者的有机结合，才能激发教师的成长意识，让教师找到成长乐趣，形成内生式的发展追求，促使教师专业化成长，到达新的专业高度。

附：

参加卓越班的感受

2018年10月，学校第三期卓越教师工作坊开始了，我有幸成为其中的一员。在卓越教师工作坊里，我与优秀同事一起学习交流，尤其是在华东师范大学刘莉莉教授的指导下，我在教育教学、课题研究等方面有了一定的提升，也深深地体会到了学习的重要性。通过在卓越教师工作坊的学习，我逐渐清晰了努力的方向。我想以前面的教学经验为基础，逐步形成自己的教学风格和特点，努力向专业性发展，让自己成为一个专业型教师；通过阅读、交流、学习，不断掌握高效的班级管理技巧，提高班级管理的能力，成为一位智慧型班主任。

加入卓越教师工作坊一年的时间，我先后阅读了《做一个会偷懒的班主任》《正面管教》《非暴力沟通》《教师不可不知的心理学》《班主任工作漫谈》《做一个专业的班主任》《优秀班主任60个管理创意》《我是这样做班主任》《好妈妈胜过好老师》等书籍。这些书籍让我从一个靠"体力"守住学生的班主任变成了一个依托"智慧"引领学生前进的班主任。我的小组合作下的班级自主管理逐渐成熟，班主任工作开始变得轻松有趣。作为卓越教师工作坊的一员，学习交流的机会增多，在与名师、名教授交流的过程中，我快速成长。2019年6月，我被学校推荐参加了2019年广东省普通高中课程教学改革学科组长专项研修班，有幸接触到了全国各地很多名师，理论知识和实践水平都得到质的飞跃，对于尖子生培养的思考也有了更多具体的方法和策略。一年以来，我在教科研方面的能力也得到了提升，主持了一项校级课题，参与了两项校级课题，发表了1篇教育教学论文，参与出版了4本高中数学教学辅导书。我还积极参加中山市的教育教学比赛活动，《2019年高考全国卷I理科数学第16题赏析》获得2019年中山市高考试题赏析比赛一等奖；主持的精品课程"直线与圆锥曲线的位置关系"获得中山市2019年度精品课程建设评选一等奖，并确认为特色精品课程。2019年5月，我被聘任为中山市高中数学学科市级中心教研组成员。

对于未来，我更加自信，在"追求卓越，做最好的自己"的理念下，我相信无论是教学还是班主任工作，我一定能将工作更加细化，提升教育教学的高度和眼界，用更高的眼光和智慧指引自己，希望在未来3~8年内，我逐步成为教学有特色、科研有特长、班主任工作有影响的中山市教育教学名师。

（中山市第一中学卓越班学员·朱欢）

教师专业的主阵地

学校所有的问题最终都会在课堂中体现，教师的问题、学生的问题、管理的问题、理念的问题，都会转化为课堂的问题。事实上，只有真正走进课堂，才能发现学校的问题所在，才能更好地把握住学校的脉搏。此外，课堂也是教师专业成长的主阵地。对于刚入职的新教师，学校统一组织对新教师进行课堂教学的规范培训。学校要求年轻教师每学期开设一节课堂教学研讨课，要求优秀教师开设一节示范课。学校每年实施"青蓝工程"，定期开展青年教师课堂教学比赛等各种不同层次的教研活动来提高课堂教学的实效性。刚开始，教师们都很害怕有人尤其是领导来听课，甚至一些公开课逐步变成了表演课，专门表演给听课的教师看，这样的课堂虽然热热闹闹，但其实效性是令人担忧的。但是，当我们从听课、评课走向了观课、议课的时候，当我们的课堂教学评价的标准从"关注教师的教"转变为"关注学生的学"的时候，当我们听课的教师更多的是从学生的学习状态去评价教学的时候……慢慢地，公开课更多地成为扎扎实实的教学研讨课，而不是徒有其表的表演课。

鉴于一线课堂教学的重要性，我们不仅在学校内部对课堂教学进行研讨，同时还借助华东师范大学校长培训中心的力量来促进教师课堂教学有效性的提高。比如，我校连续举办了四届以"高效课堂与教师专业发展"为主题的教育教学研讨会，同时邀请全国各地尤其是江浙沪等地的名师到我校进行同课异构，并聘请江浙沪的教育专家进行点评。江浙沪名师呈现的课堂以及专家带来的新理念让我们的教师大开眼界，无论是上课还是评课，目的都在于促进教师的专业发展。课堂是教育的主阵地，没有课堂的支撑，任何教育改革和追求都是空谈；优秀的课堂在很大程度上就是学校品质的最好体现。中山一中110周年校庆系列活动之一就是举办一场"高效课堂与教师专业发展"的教学研讨会。在校庆期间展现课堂的魅力，就是展现学校最核心的元素，也是展示学校持续发展的最重要元素。

美国"现代成人教育之父"卡耐基说："在今天这个社会，我们的工作对我们自己的尊严和价值都有很大的影响，工作能为我们带来宝贵的成就感和满足感，工作能发挥我们的潜力，工作能让我们持续成长，工作能促使我们更喜欢自己，更喜欢他人。"教师的尊严来自其自身的专业成长，教师职业成长带来的尊严为教师赢得幸福感和归属感，为教师赢得更高的生命价值，这些在很大程度上决定着教师的生存状态。大凡教育教学质量好的学校，教师的精神气质和工作状态，都会给人一种与众不同的感觉。他们敬业、阳光；他们专注、知性；他们善良、可亲；他们懂礼仪，有修养；他们知书、达理；他们心中有远志，充满理想，充满激情，积极向上……在这样的学校里，教师工作自主自愿、快乐幸福，因为教师能做到我的课堂我做主，我的思想我坚持。教科研活动、兴趣小组活动，都是教师们自己的一方实验田，他们乐于开垦，勤于播种与耕种，他们把工作过程当作一种享受和自我实现的过程。

教师是第一生产力，只有发动教师、发展教师、发挥教师的能动性，把课堂教学这个主阵地抓好了，学校才会有持续发展的动力和源泉。

专业让班主任更有力量

新时代班主任应坚守教育的初心，将立德树人融入学校教育的各个环节，为党育人，为国育才，要做塑造学生品格、品行、品位的"大先生"，做好学生成长路上的引路人。

班主任工作，至关重要。从工作职能看，班主任工作主要包含以下六个方面：教育型管理者、学习指导者、心理工作者、家庭教育指导者、学习者和学生的平等对话者。关于这六个方面，需重点强调的是，今天的孩子很在乎平等，所以班主任应努力做学生的平等对话者。例如，我在"学生回音壁"中对食堂涨价一事给予耐心回复，学生便能感受到校长在关注学生的吃饭问题，非常关心在乎学生，从而对学校充满感激，对学校有一种归属感。因此，如果班主任在工作中注意聆听学生的需求，给予积极的对话与回应，班主任工作将能更好地开展。从历史和现实看，民国时期的教育聚焦于做人。中山市第一中学校史馆内所展示的19世纪三四十年代的照片，老师与学生的着装都非常规范，因为当时很强调从细节处关注做人。现代社会日新月异，更需要班主任坚守道德原则，提升学生的道德素养。作为与班级学生接触最多的班主任，其三观、综合素养将直接影响学生。因此，班主任工作至关重要！

班主任工作，充满挑战。班主任的工作对象是一个个活泼生动的人，他不是一张白纸任由你裁剪，他有原生家庭的多年影响，有他的个性、想法和小宇宙。从教育对象的复杂性可看出班主任工作充满挑战。教育的目的是进一步提高国民素质，为学生做出合理的学业、职业规划，帮助他们找到自身的成长点。受教育者处于青春期阶段，他们寻求独立，往往会出现与父母的沟通问题。常常有父母会问教师"为什么我家小孩这么调皮"，由此可见，

第五章 站在学校中央的教师

关于青春期，父母与孩子之间的认知发生了错位，父母不能正确看待孩子这一阶段身体与心理的变化，与孩子的关系出现了不协调。于是，班主任不仅应做好在学校的引导工作，还应根据不同的教育对象，进行家校沟通与指导。社会高速且高质地发展，人类心灵的提升却没有跟上科技的进步，没有适应社会经济的发展。于是，社会心理充斥着浮躁与不安，物化的社会给学生带来影响，教育对象接触的信息碎片而多样，而学生又缺乏一定的判断能力，因此他们较容易受社会环境的影响，这也决定了班主任教育对象的复杂性。教育对象会受到社会、家庭、升学、职业需求等各方面的影响，因此，班主任工作充满挑战。

班主任工作，新时代有新要求。习近平总书记在全国教育大会中以"国之大计、党之大计"两个大计对教育的地位明确提出要求，强调教育要坚持中国特色社会主义发展道路，培养德、智、体、美、劳全面发展的社会主义建设者和接班人。因此，"培养什么人、怎样培养人、为谁培养人"不仅是校长要思考的，同时还是班主任要明确的。2019年初颁布了《中共中央国务院关于新时代推进普通高中育人方式改革的指导意见》，文件提出高中需立足培养担当民族复兴大任的时代新人，要求全面发展素质教育。目前，新一轮制度改革悄悄地促发了变化，学生可自主选课、选老师。因此，新时代的教师不仅要在课堂上站得住脚，还必须有一种厚重的人格魅力，同时要能胜任多角色担当：既要胜任学科教学的工作，还要胜任学生成长导师的工作，为党育人，为国育才。学生都具有向师性，新时代的班主任要做好学生成长路上的引路人。班主任是学生一生中最有影响力的人之一，是促进学生德、智、体、美、劳全面健康发展的核心力量，要注重言传身教，用自己的教育情怀和教育精神影响学生。初中学生较为感性，会注重教师的外在表现，而高中学生则比较理性，更在乎老师所表达的内在逻辑。班主任工作是一份育心的工作，要为学生的成长搭建平台，为学生成长服务的引路人。

班主任工作，要有"专业"的高度。班主任专业化是我们现今教育改革的重要话题。班级管理中，班主任应掌握与学生沟通的技巧。先是"共情"，用"我理解……""我明白……"等来表达自己对学生情绪的接纳。然后"说爱"，表示对学生的理解与支持，"我一直都在你身边……"要让学生觉得无论遇到多大的困难，只要找老师，都会得到帮忙解决。最后是

"讲理"，注意对学生进行方法引领。"其实，这件事……"这样的沟通步骤才是有效的，才是专业的。此外，班级管理还应坚持"和善而坚定"的正面管教的理念，正面管教是一种既不惩罚也不娇纵的管教孩子的方法。如何做到和善而坚定呢？首先是建立"和善"的师生关系，改变过往的"等级"观念，建立"平等"关系；改变教师的"控制"管理，实施"民主"管理和"契约"方法。例如，班级的班规可通过学生讨论来达成一个契约；控制"原始大脑"情绪，实施"积极暂停"策略；摆脱"严格管理"的方式，实施"关爱陪伴"方式；改变固有的"成人思维"，学会站在"孩子视角"思考问题，如此一来可以做到"和善"。此外，还要"坚定"正确的教育方式。例如，改变过往的问责惩罚，转为共同的责任担当；改变解决问题时的理性探究，转为师生的共情成长；改变着重于对问题的矫正，转为对日常惯例常规的要求；改变过往的唠叨说教、零敲碎打，转为启发提问，会议协商；改变溺爱教育，转为培养学生的独立成长。学生问题天天会发生，不要想着一下子就矫正，要有耐心，一步步来。传统的教育往往告诫学生不要做什么，做了就会有相应的惩罚等。而正面管教是教给学生要做什么，并且与学生一起讨论，怎样避免不当行为的发生。学生是整个过程的积极参与者，而不是被动的接受者，受到尊重的对待并且能够尊重地对待其他人，学生会非常乐意接受，主动做出更好的选择。学生是成长中的人，成长过程需要我们耐心地等待。学生是一个个活生生的个体，每一个个体成长都是有差异的，需要区别对待。此外，学生的成长是一个由外塑到内化的过程，需要时间去吸收、消化。教育学生要有"慢"的艺术，一个人的成长是从小开始、从细节处着手的。

班主任的专业性还体现在对学生个体成长的认知。著名心理学家埃里克森认为，人的发展分为八个阶段，每一阶段都有特定的发展任务。初高中学生刚好处在青春期，这一阶段的学生特点是，其处于自我同一性和角色混乱的冲突阶段。自我同一性是关于个体是谁、个体价值和个体理想是什么的一种稳定意识。青春期阶段的学生开始了深层次自我意识的探索，具体表现为以下三个方面，一是对自我概念的思考——"我是个什么样的人"，如现在很多学生爱照镜子，女生、男生桌子里都有一面小镜子，他们开始在意自己的形象。二是对自我评价的思考——"我这个人怎么样"，如学生在宿舍感觉自己与其他同学格格不入，便会产生疑问：是我有问题还是他们有问题？我认为的我与他人认为的我一致吗？三是对自我理想的思考——"我想成为一个什么样的人"，每个人的理想是随着经历的变化而不断变化的，对自我理想的思考也在不断改变。学生对以上每一方面的思考包含了"主体我"与"客体我"两个方向，"主体我"是观察者、评价者和被认同者；而"客体我"是被观察者、被评价者和被认同者。如果"主体我"和"客体我"不一致，学生对自我的认知便会出问题。那么，这个同一性需要谁来引导？答案是：家长和老师。中学阶段是青少年学生形成正确"三观"的重要时期，它关系到人的健康发展，关系到一个人能否良好地适应社会，能否体会到社会的价值和人生的意义。因此，在这一特殊的成长时期，学生需要父母与教师的正确指引！

　　班主任工作还要坚持立德树人。班主任是最小的主任，却做着最伟大的事情。赫尔巴特说："教育的唯一工作与全部工作可以总结在这一概念之中——道德。"这与我们新时期社会主义教育立德树人的根本任务相一致，因此班主任的"高度"应该以立德树人的内涵为基本准则，致力于培养德、智、体、美、劳全面发展的社会主义接班人。教师心中有德，才能将"人"立起来。《中华人民共和国义务教育法》第三十六条中提到："学校应当把德育放在首位，寓德育于教育教学之中，开展与学生年龄相适应的社会实践活动，形成学校、家庭、社会相互配合的思想道德教育体系，促进学生养成良好的思想品德和行为习惯。"同时《中小学班主任工作规定》指出："班主任是中小学日常思想道德教育和学生管理工作的主要实施者，是中小学生健康成长的引领者，班主任要努力成为中小学生的人生导师。班主任是中小学的重要岗位，从事班主任工作是中小学教师的重要职责。教师担任班主任期间应将班主任工作作为主业。"此外，在第三条中还要求"加强班主任队伍建设是坚持育人为本、德育为先的重要体现"。因此，法律对班主任的德育是有明确规定的，我们班主任应依法依规开展德育工作。作为国家公职人员，班主任要用正确的方式做学生的"引路人"，以专业引领学生成长！

　　学生的向师性决定了教师要特别注意自己的言行。因此，班主任要有高度的政治站位，不断增强"四个意识"，坚定"四个自信"，做到两个"维护"，对国家和民族高度认同，不忘教育初心，牢记育人使命。同时，新时代的班主任还要有高度的文化自觉，自觉树立为师信仰，自觉完成学校任务，自觉履行学校公约，自觉成为表率，自觉探索创新，对工作任务自愿，对教书育人自觉。

作为成长中的学生，可能每天都会有问题出现。我们的班主任要不断暗示自己：我是帮学生解决问题的。要解决出现的问题，就需要班主任知法、守法，熟悉了解相关的教育法规，按照国家法律法规来教育学生，来帮助学生。唯有专业，才能让班主任更有力量。

做一名懂学生的班主任

新时代班主任在教育工作中，要能够关爱学生、读懂学生，然后才能引领学生。我们曾以为老师就是传授知识的，但有些学生脑子里听进去的知识，可能只有你讲的三分之一，其他空间都被杂念占去了；我们曾以为老师用心备课，认真辅导，辛苦改卷，学生就会心存感激，然而，大部分学生认为这只是你的工作。因此，教师给得再多，不如读懂学生，读懂他们真正的内心诉求。例如，我校教师曾做过这样一个学生调查："问题一：你觉得对学习生活影响最大的是什么？"该教师列了以下四个方面因素：1.老师的授课；2.人际关系；3.自己的杂念；4.体质精力。而学生的选择是3214，排第一的是自己的杂念，第二是人际关系，第三是老师的授课，第四是体质精力。"问题二：如果有杂念，会求助于谁的帮忙？"学生的反馈是，原先会和好朋友倾诉，但他们心有余而力不足，无法提出解决办法。同龄人之间较难起到引领的作用。"问题三：如果你没有什么朋友，你会想对信任的老师说吗？如果你信任这个人，他要具备什么特点？"学生回答说："首先，我觉得这个人得真的能帮到我。"因此，学生心目中的好老师一定是"懂我"的人。

所谓管理，重在"理"而非在"管"，人心没顺，无法服管。例如，教师们经常可以看到校长和副校长一起去饭堂，在吃饭时间拉家常便是相互了解的契机。同样，教师要读懂学生，同时也要让学生来读懂你。例如，可以通过班干部等核心人物的影响，让他们理解自己的带班理念，教他们怎么去指引，之后他们便会慢慢传递下去。这是很重要的管理技巧，同时也是非常实用的沟通技巧。中国是人情社会，一见面要泡茶，然后坐下开始聊天：

"你的茶不错啊！""泡的是什么茶？""你常喝什么茶？"有了这些前奏，话匣子便打开了。这就是中国文化。管理要把心理顺，还可通过交流去了解风俗文化，架起人与人之间的情感桥梁。例如，中山的本地语言丰富，各地的风俗也不同，中山是水上人家，几千年前这里是五桂山岛，从中山到顺德那么多河流的原因是这里曾经是海……我们可以通过追根溯源来了解不同的民情，从而更好地与中山的学生和家长相处，为班级的管理奠定基础。

管理是需要温度的。一位教师，在学生没有弄懂学习内容时，及时给他们解答，这是一种关怀；当班级管理稳定后，教师走街串巷对每一位学生进行家访，了解学生在家情况，分享学生在校得失，这是一种奉献；当学生在心理上存在障碍时，教师及时地给予沟通与疏导，这是一种帮助……教师关心学生，尊重学生，帮助学生，把学生成长的需要当成了自己存在的价值，这就是有温度的管理。

教育是一个育心的工作，中山一中对学生的关心从宿舍生活开始。宿舍是学生集体生活的地方，规范要求、纪律约束是基本。但一中的宿舍更追求高雅的品位，我们的宿舍区每层楼都有读书、下棋、弹琴的地方。我们的教师也经常下宿舍带给学生脉脉温情，学生们其实很想在一个没有约束的空间，能够和老师在一起，他们很享受这种师生共处的时光。但是学校教育除了课堂、宿舍以外，还有家庭和社会。作为班主任，还要关注学生的家庭生活。为何现在心理问题严重的学生增多？有很多归因，一是信息太多，学生消化不了；二是家长焦虑，给孩子带来焦虑；三是社会焦虑，带给家长焦虑，同时也会影响学校和教师的教育心态。由于各种各样的原因，学生的心理问题越来越多。因此，要了解一个学生，一定要透过他去了解其背后的家庭。问题学生的背后可能就是一个问题家庭或有教育观存在问题的父母。当面对问题学生时，班主任要冷静下来，可选择深入家庭内部去了解。作为教师，只有走到学生家庭中去，你才能知道真相，你的教育才能发挥作用。

每天都有管理，班级就不会乱；出现问题都有解决，学生就会减少再犯错的概率；出现问题及时解决，学生会更懂得制度的约束；出现问题艺术地解决，学生更能自发地成长。著名教育工作者李希贵曾说："教师是给学生拧螺丝的。"松了拧一拧，紧了便给松一松。其实，班主任工作效果的区别很大程度上便是：对于问题管不管、如何管、何时管……管理艺术的不同，效果也不同。

班主任如何把控有温度的教育与严管的教育呢？作为一名班主任，对整体要严肃、要坚定，对个体的管理则要依据学生情况，做到有温度、有智慧。当教师和学生都遇到美好的自己，便是教育最迷人的模样。那么，班主任的美好从何遇见呢？班主任的美好在于与学生的共同成长，可将自己平时碰到的问题转变为教育故事书写下来，收集起来，在一次次的总结中提升自己，遇见更美好的自己。

我们的育人工作就是用有温度、有爱、懂学生的方式带着学生一起追求真善美的过程，既仰望星空，又脚踏实地。班主任们应该理解这份工作对社会的价值和对自我的价值，充满热爱和智慧地去工作！

附：

宿舍也是我的家

—— 一位班主任的自述

"有家人在的地方才是家，否则那只是一间栖身的房子。"当我在宿舍开始午休的时候，我就感觉我班那一群可爱的孩子就是陪伴我共同成长的家人。

记得那天我要在宿舍午休的消息在班级传开的时候，犹如一颗核弹在班级爆发，孩子们纷纷带着哭腔来问我："任老师，你来宿舍，我们就惨了，我们的秘密都要被你知道了。""涛哥，你还是别来了吧，给我们点空间。"看来要成为他们认可的一员不是这么简单的事。我也意识到我和学生之间还只是停留在表面融洽的阶段。正是学生这一小小的排斥激起我的兴趣和斗志，我决定走进他们的家。

陶行知先生说"生活即教育"，这正好符合以生活为主的宿舍教育。我首先以生活指导员的身份去宿舍。去宿舍只关心生活，只聊兴趣爱好，只抚慰伤口，不指责，不训斥，不处罚。慢慢地，学生对我不再排斥，开始主动和我聊天，分享零食。在与学生接触的过程中，我也将学生的宿舍生活摸得一清二楚，有些问题必须要解决，如宿舍异味、暴饮暴食、吃零食等问题。

这些问题不适合在全班讲，于是我遵从"教育是慢的艺术"的理念，每周只指导他们改正一个问题。在宿舍异味上，我每次进入宿舍，先让他们通风，指导他们把刚脱下的鞋放到阳台上晾晒，上床前洗脚，让他们自己切实感受到无异味的宿舍带给大家的舒适感，也让他们意识到这样的舒适是来自自己良好的生活习惯。这样的生活指导教育天天都会在宿舍出现，学生也逐渐懂得了对美好宿舍生活的追求不仅仅是我校宿舍"和雅"文化的内在要求，更是让他们体会到生活和教育是统一的，生活对教育具有积极的促进作用。

"和善而坚定"的教育理念是我校的德育理念。"和善"要求我们尊重孩子。"坚定"则在于对规则的坚持。在这个大家庭里，偶尔也有屡教不改特别顽劣的孩子，所以，除了"和善"地融入这个家庭之外，我还"坚定"地保留我作为宿舍大家长育人的原则和底线。当宿舍成员排挤一位行为偏差的同学时，我非常严肃地教育他们：尊重和扶持才是我们一家人该有的表现，对于出现的不良行为必须限期改正，决不再犯。

我坚持以"和善而坚定"的德育理念在宿舍深入开展工作。我班学生宿舍逐渐变得风清气正，卫生、纪律等方面表现齐头并进，几乎每个月每个宿舍都能荣获卫生和文明宿舍，更令人欣慰的是，孩子们能够像家人般相互尊重和关爱，宿舍真正成了我们的温馨家园。我这个家长也成了他们之中不可或缺的一员，不知什么时候开始，当我有事中午没有去宿舍的时候，总有很多孩子来问我："今天你怎么没有来宿舍呢？""今天某某在宿舍又怎么样了，你要去关心一下。""今天宿舍阿姨又表扬我们了。"一句句的关心、问候或是倾诉总是时时温暖着我的心，我知道这是他们对我的信任和依靠，也是对我陪伴他们成长的最好回馈。是啊，陪伴孩子一起成长是一件多么幸福的事！而有生命力的陪伴，更是师生共同成长最好的礼物！

一中的校道宽阔整洁，两边的大树刚直挺拔，像日夜守护学生的老师们一样平凡而又美丽。在这条美丽的校道上我走了近十年，但是从不感到厌倦，反而越走越有劲，越走越喜欢。那是因为，在校道的两边，"立志、立诚、立品、正学"的校训在不断激励着我；那是因为，"追求卓越，做最好的自己"的办学理念在时时指引着我。带着教育的芬芳，走过校道，接过钟楼传承下的百年育人梦想，经过美丽的凤凰树，就是我们所有一中人的家——宿舍。这里，没有教室里的琅琅书声，但是"和雅"的春风却吹遍了宿舍的每一个角落；这里，没有竞赛场上的你拼我搏，但是"追求卓越，做最好的自己"的种子却在这里生根发芽。

这，就是我的家。

这，也是我们所有一中人的家。

（中山市第一中学班主任·任旭涛）

成为不可替代的教师

街头的共享单车越来越多，人们的生活越来越方便。出门用微信、支付宝扫一扫就可以骑着共享单车到处走。商场里，甚至菜市场、路边摊，也可以通过支付宝或微信扫一扫就把所需的东西买回家。渐渐地，手机的功能越来越丰富，为我们呈现的东西越来越多，也越来越方便我们的生活；渐渐地，手机成为我们的新器官，成为我们生活中不可或缺的一部分，也促使我们的大脑每天都被无数的资讯充斥和干扰着。事实上，我们身边很多事物之间的边界正逐渐被打破，共同虚拟拥有的东西越来越多，如共享单车、共享汽车、共享房子等，我们也正随之进入这样一个无边界的社会。在无边界社会里，未来很重要的一个趋势就是要我们逐渐放弃"一定要牢牢变成自己的"这种传统思维。比如，很多人可以在家里上班，也可以在公司上班，这些都使得组织变得越来越开放，越来越有弹性，也越来越多样化。此外，社会的不断变化也使我们的价值观出现两极分化，一方面达成共识的速度非常快，信息流成本降低，速度加快，所以意见交换的速度也加快；另一方面极端和小众的认知、观念也迅速集合，人的认知可以在短时间内聚集小众人群，并形成一种冲击社会的独特力量。

作为教师，面对社会的迅猛发展，我们应该有足够的准备以应对社会的变化。正确的价值观是未来学校教育的需要，也是我们自身的立足之本。在无边界社会里，人的价值观以及人生态度变得越来越重要，这决定着一个人能走多远及跟谁在一起。现在的交往很容易，无论是现实世界还是虚拟世界的交往，每个人都很容易认识一些新朋友，同时人们都在用自己的价值观衡量、筛选跟谁在一起。在未来学校里，教师角色的转换，对教师的人生观、价值观有更高的要求。随着科技的发展，未来学校里传道授业解惑之类的工作将由机器代替，但学校却不会消亡，学校将变成师生心灵的家园。教师是学生情感的引领者和陪伴者，是学生的心灵导师。在任何时候，特别是在现在的无边界社会里，养成正确的价值观更为重要。教师是学生的镜子，学生是教师的影子，教师的价值观对学生价值观的影响是潜移默化的，所以教师要修德修身，以身作则，言传身教，做好学生的引路人。

信息时代，所有要素流动加快，教师一旦停止学习，将跟不上形势，就连与学生谈话也很难进行，所以我们要提升自己的学习力，树立"自觉学习、终身学习"的意识。沟通渠道增多，学习的方式多样化，如线上线下的学习等，这一切都使得学习无时不在，无处不在。

以前教师是"教"的权威，学生只能从教师那里得到知识与技能。随着时代的变化发展，学科知识更新加快，信息爆炸时代，学生知识面越来越广，促使教师不仅是"教"也不可能只是"教"的角色，教师与学生也有可能成为学习的合作者。这种角色转换促使教师必须提升自身的专业水平和转变自己的教学方式。信息化教学的普及，也给教师带来了压力。当教师的课堂教学质量不及网络直播课等线上学习的质量时，学生或许会选择网络直播课等线上学习。学生对课堂教学的选择以及需求将迫使教师不断提升自身的专业水平。

随着人类社会的发展，同质化的教育已经满足不了学生的发展，个性化的教育要求学校有丰富的课程体系，这种个性化的教学要求将导致课程外包成常态。学校可能会向一些培训机构购买课程，学校的职责就变成了购买服务、评价服务，而不是管理教师。课程外包必然对学校教师有一定的冲击，校外的培训机构也可能与学校抢生意。教师要立稳脚跟，就一定要有扎实的专业基础，把握学术前沿，而且还要涉猎跨学科领域知识，此外，教师也要主动介入课程开发与"学校文化"的重建。

知识信息爆炸时代，人们获取知识的成本越来越低，越来越便捷，所有要素流动的速度越来越快，带来的创新机会就越来越多。每个人的创造力可以瞬间激发出一种可能性，去创造一个新的机会；创新的频率越来越高，每一个课堂都可能也可以成为创客空间。教师必须要提升自身的专业水平，才能跟上时代发展的步伐。

学生的美好可以来源于教师给予学生的空间和舞台，帮助学生找到其擅长的地方。教师最美好的事莫过于学生喜欢自己的课，进而喜欢你的人以及你所传递的知识，最后转变为他的乐学。因此，要做一个令学生喜爱的教师，应坚持心中有"书"，对教材进行二次开发，放大细节，削枝强干重组，将教材读懂、读透、读活；坚持心中有"树"，教师要对学科知识体系了如指掌，在目标引导下进行目标分解，将专业而有难度的知识转化为学生听得懂的知识；同时还要坚持心中有"素"，将学科素养、学科思维和学科精神蕴藏在教学设计中，回归学科之魂；此外，教师的"美好"还在于坚持心中有"术"，教学有法，注重学生课堂生成的问题，减少简单而又重复的知识性问题，这时候，学生学起来才会有更多获得感，才能够有效提高学生的学习效率。

技术的进步在加速阶层的洗牌和分化，保持足够强的学习能力是保持在本阶层的关键。面对新的机遇、新的挑战，我们要努力提升自身专业素养，让自己成为未来不可替代的教师。

既要善"教"又要管"学"的教师

善教比较好理解，管"学"包含两个层面的含义：一是管理学生，二是管理学生的学习，前者的落脚点是"学生"，后者更突出学生的"学习"。教师为什么要管理学生的学习过程、学习结果？这一思考源于我辅导的一位学生的学习障碍。

一天下午，第九节课外活动时间，一位高三的学生来找我。当时距离高考还有三个月，但是他的历史科目学习遇到瓶颈，成绩总是难以提升，觉得非常苦恼，也很焦虑。听说我是历史特级教师，他特地跑来向我请教：如何才能将历史成绩有效提高？面对这位好学而又焦虑的学生，我详细地帮他解答了他学习上的困惑，同时也发现了他学习中存在的问题。

这件小事同时也让我更多地思考关于教师如何引导学生进行学习管理的问题。我认为每一位教师都是一名管理者，都要管理学生的学习。学习虽然是学生自己的事情，但教师的职业价值决定了我们必须管理学生的学习。著名教育家赫尔巴特就非常强调教学管理，他说："如果不坚强而温和地抓住管理的缰绳，任何功课的教学都是不可能的。"我们以前的课堂教学比较侧重教师是如何教的，然而，学生是学习的主体，我们每一位教师不仅要做到因学生而教，还应该成为一名学生学习过程和学习结果的管理者与引导者，将学习目标、学习任务系统具体而又尽早地告诉学生，进而引导学生有学习的目标和动力。有了目标和动力，学习才能成为学生自己的事情，才能促使学生开始真正的内动力式的自主学习。越早地实施目标管理，越能够更好地帮助学生学习及提升学习效果。

叶圣陶先生曾说："教是为了不教。"教育的目的不在"教"而在

"学"。"教"只是手段，不是目的，学生学习了就有教育，没有学习就没有教育。一直以来，我们都习惯站在教的角度去设计课堂，按照教学进度来确定学习任务。其实，我们应该让"教"先退避一旁，把"教"暂时剥离出来，站在学生的立场，先弄清楚学生学习的过程，变"教师中心"为"学生中心"，以教导学，以教师的教引导学生如何去学习，目的是促进学生在学习内容、学习方法和学习能力等方面均得到提升。一个优秀的教师会把课堂还给学生，让教学从封闭走向开放，从预设走向生成，从关注教案的落地到关注学生的思维发展生成，使学生真正地成为学习的主人，让真正的学习在课堂上发生。有高考压力的高三则应以考定学，以如何考来决定学生应如何去学。高三教师应研究高考如何考，包括其所考查的知识内容、能力和方式等。准确地说，高三教师应是教练员，应该陪同学生训练、作业，在学生身边，给学生示范，让学生模仿，通过实际情况让学生练习，在练习的过程中给予指导和纠正其错误，还不应忽略管理链上最重要的一环——情绪的调整。教师应是学生情绪的调整者、鼓舞者，不仅能敏锐地了解学生的情绪状态，让学生在情绪不稳定或低潮时迅速调整过来，更能主动地有节奏地调整学生的情绪，让学生始终保持高涨的学习热情和获得不竭的学习动力，最后每个学生个体乃至整个队伍都可以发挥最大的潜能，做到最好。为了能够更加专业地做到管理好学生的学习，近几年，我加大了心理科组的建设，让心理老师为教师管理好学生的学习提供强有力的支撑和保障。

管理好学生的学习还包括对学生的学习评价。评价是为了让学生变得更美好，所以我们将评价工作前置，让评价成为学生"做最好的自己"的指引，让评价不仅是追求结果，而且贯穿到整个学习的过程，让学生享受到学习过程的快乐。

美国著名管理大师德鲁克说，每一位知识工作者其实都是管理者。随着知识经济的到来，教师已不再是唯一的知识拥有者；学生也不再是传统的知识接收器，有些学生在某些方面的知识甚至已超过了教师。由于获取知识的渠道多，即使在教师所执教的本学科上，也有不少信息可能是学生已经掌握了而教师还不知晓的。因此，作为教师的我们，如果仅仅是靠传统的讲台，仅仅局限于知识的传授，那就很难应对今天的教学，也很难融入孩子们多彩的世界。我们需要在教学的过程中不断提高智慧，相信并热爱每一位学生，用一个管理者的心态和胸怀，系统地思考教学过程与学习过程，对学生进行有效的教育和管理，使自己成为每一位学生发展道路上的"助燃器"和指导者，不断促进学生的进步和发展，从而真正达到教书育人的高度。

学思践悟的知行境界

孔子曰："学而不思则罔。"前不久，我带着一批行政管理人员到安徽参加全国中学校长教育思想研讨会。鉴于以往外出培训的教师交上来的心得体会，容易流于形式，实效性不大，这次我主动求变，调整思路，使用头脑风暴法，让参加培训的教师先分组讨论，各抒己见，然后进行集体汇总。按照"学思践悟，以学促做"的原则，对学习的东西进行反思，不是只靠个人力量，而是集中大家的智慧准确把握精髓实质，用于教育教学实践中，从而提炼主旨，提升自我，真正达到学习的最佳效果。

随着教育形势的变化，教师外出培训的机会越来越多，"学思践悟，以学促教"是提高学习实效要遵循的法则。"学"是效法，借鉴他人经验和做法；"思"是厘清思路，交流、碰撞和提炼的过程；"践"是运用，将相关做法结合本职实际去实践；"悟"是不断理解、修正、觉醒，进而实现提升。这是一个从具象到抽象再到具象，然后又到抽象的过程。学而思，思而践，践而悟，从而形成自己的特色。

"他山之石，可以攻玉"，外出培训的意义在于开阔眼界，拓宽思路。在紧张的工作之余，让我们稍微停下匆忙的脚步，看看周围的变化，与优秀的同行进行横向比较，反思自己的工作，并及时调整自己前进的方向。培训也是一种接轨，让我们与教育、教学发展前沿的最新动态相链接，保证我们的教育、教学紧随时代的步伐。最重要的是，学习之后形成个人思考，然后在工作践行中不断反思、调整，最终沉淀成自己的思想，为工作不断注入新的灵魂和活力，这才是外出培训的本质追求所在。

一所学校发展的关键在于教师，学校工作的质量与教师息息相关。为促进教师专业发展，自2012年以来，我们在教师培训方面做了大量和大胆的尝试，在继承中发展，在发展中前行，进一步完善创新机制，构建了具有特色的教师专业成长培训体系。主要做法：针对教师所处的不同发展阶段，设置了教师专业发展维度，有新教师入职培训、青年教师校本培训、骨干教师市级培训、卓越教师工作坊；针对教师带班能力（年限）的不同，设置了教师带班能力发展维度，有新班主任带班培训、年级名班主任培训、校级名班主任培训、市级以上名班主任培训；针对教师教研情况，设置了教研维度，有组内培训、校本培训和网络培训；针对教师科研情况的不同，设置了科研维度，有校本培训、市级课题、省级/国家级课题。

古希腊著名哲学家苏格拉底说："教育不是灌输，是点燃。"教师培训不是灌输，是点燃火焰，是点燃思想的火焰，是点燃智慧的火焰。培训不仅给"鱼"，也不仅给"渔"，更应该给"欲"。教师培训的最终目的不是简单地让教师获取知识，也不仅仅是让教师获取解决具体问题的方法，最重要的是要激起教师内心渴求学习和自觉改变的强烈欲望。只有思想上有了认识，态度上有了转变，才能促使教师在今后的教育教学实践中不断反思，在反思中提高，在实践中改善，最终达到自我提升的目的。

"纸上得来终觉浅，绝知此事要躬行"。学思践悟，以学促做，把学和做统一起来，学习思考，躬身实践，边学边改，立说立行，以知促行，知行合一，这样的教师培训才能走向自我培训，达到学习内化、自我优化、知识水平提升的终极目的，进而提高自己的知行境界。

潜移默化中的教学改革

学校是一个知识型组织，每一位教师都是他所在领域的专业人士。每一个学科都有着不同于其他学科的独特规律，这就决定了学校里不可能有统一的权威。在这样一个特殊的组织里，事实上，我们很难用大一统的方式来推动工作，更不要指望用大一统的方式来推动变革。

几年前，中山市教育改革后，中山一中初中部的学位全部实行电脑派位，生源结构出现大幅变化，而社会对学校的期望值却没有降低。如何能够让师生成长、发展，做最好的自己，实现学校的优质发展是摆在我们面前的难题之一。经验告诉我们，变革是突破发展瓶颈的方法之一，如果没有外力的推动，变革就很难发生。因此，策动变革成为我就任校长后的责任之一。

与教师们共同描绘未来的愿景，是诱发变革的第一步。在推进初中部教学改革之前，我们与教师们一起分析目前学校面临的困境，分析目前课堂教学存在的问题。我们有意识地请一些专家来对教师进行培训，上示范课等。我们不做"一刀切"，不对教师提硬性要求，只是在潜移默化中让教师意识到：课堂是教师最重要的劳动平台，更是教师进行创造的最重要场所。课堂是教师展示专业能力、创造专业成果、实现社会价值、体现生命意义的最重要的地方。只有作为学校核心的课堂教学优质，学校才能成为优质学校。面对生源的改变，教师们也知道课堂教学应该因学生的改变而改变。他们意识到了只有改变课堂教学方式，提高课堂教学效率，才能实现优质教学。在很多场合，我们与教师们一同憧憬着高效课堂教学的未来，让教师们明确：尊重学生个性差异，关注学生个体，发动学生的互帮互教是提高课堂教学效率，培养学生综合素养的有效方法。于是我们很欣喜地看到："目标导引下的小组合作学习"的课堂教学变革在一部分教师的课堂中出现，虽只是星星之火，但已渐成燎原之势。

在民间培育变革的种子，是领导者的长期任务。任何一位积极向上的教师都有变革的欲望，当一部分教师尝到了变革的甜头的时候，其他教师埋藏在心底的变革的种子就开始发芽了。在课堂教学改革的路上，教师们也碰到了一些困惑。在这里，有的难题教师自己可以解决，有的需要学科教研组或班级团队的智慧和合力，当然，更重要的是学校层面对教师的帮助，无论是机制的创设还是评价的宽容，都是这颗种子萌芽的土壤、空气和水分。学校一方面与教师一起寻找解决问题的方法；另一方面请专家到学校来进行指导，也派教师外出学习、取经。学校鼓励和表彰课堂教学改革做得好的教师，营造课堂教学改革的氛围，利用"教学开放日"来表彰先进，树立榜样，推出名师，同时也触动那些游离在变革之外的教师。这些举措都起到了很好的效果，教学这一池春水渐渐被改革之风吹动。

这场由教师自行摸索并在学校统一推广下逐渐成熟和发展起来的课堂教学改革，从初期的部分班级尝试发展到后来的全校全面铺开，全部采用"目标导引下的小组合作学习"模式进行，成效显著。经过一轮的课堂教学改革，我们看到了一大批优秀教师的涌现，参加省、市各种层次教学技能竞赛的教师获奖之多、层次之高，极大地鼓舞着全校师生。同时，我们也看到了学生优秀成绩的出现、综合素质的提高以及家长对孩子成长的满意。我们更欣喜地发现教师的精力已集中到教学上来，集中到课堂教学上来，集中到课堂教学改革上来，集中到课堂教学改革的学习和研究上来。如今，初中部生源又将面临变化，而此时，已不需要我们的引领，各年级部的教师已经自觉地进行变革，找到适合学生的课堂教学方式，开设出"志、诚、品、学的一体两翼、适性扬才"的课程体系。

名校之名在于名师。在这场自下而上的课堂教学变革中，没有强迫，没有大一统，没有盲目的服从，却孕育出了一大批名师，提升了全校教师的专业水平。在这场成就师生、成就学校的课堂教学改革中，我作为一校之长，在策划确定变革之后，就始终行走在改革队伍的中间，既运筹调度，又确保团队的凝聚力、向心力和战斗力，只希望能为课堂教学改革的顺利开展保驾护航。我相信：只有这样，来自"民间"的课堂教学改革才会具有旺盛的生命力。

第六章

从尊重开始的教育

著名教育学家苏霍姆林斯基曾说："学校教育的理想是培养全面和谐发展的人，社会进步的积极参与者。"那么，如何培养全面和谐发展的人？

首先，作为教育者，要认识到：人是生命个体，每个人生而不同，其天赋和潜能不同，不能以一把尺子去衡量学生。1983年，美国哈佛大学教育研究院心理发展学家霍华德·加德纳提出"多元智能理论"，他在长期研究脑部受创伤的病人时，发觉人们在学习能力上的差异。传统上，学校一直只强调学生在逻辑（数学）和语文（主要是读和写）两方面的发展。但这并不是人类智能的全部，不同的人会有不同的智能组合。例如，建筑师及雕塑家的空间感（空间智能）比较强、运动员和芭蕾舞演员的体力（肢体运作智能）较强、公关的人际智能较强、作家的内省智能较强等。

其次，教育者要倡导发展学生的创造性，要创造条件激发潜能，让每个人发展自身的长处，完善自己的不足。我们常说学校教育要以人为本，所谓以人为本，就是不仅要关注学生的生活质量和生活状况，更要尊重学生的个体差异，不断提升学生在学校生活中的生命质量，促使学生身心健康发展，不断激发学生的生命潜能。

最后，教育要尊重学生。美国著名作家和教育家爱默生曾精辟地指出："教育成功的秘密在于尊重学生。谁掌握了这把钥匙，谁将获得教育上的巨大成功。"教育就是对学生的每一次生命活动进行关怀，学习过程就是一种享受生命的过程，这种关怀是社会价值、个人价值和教育自身发展价值在"生命活动"实践中的统一。在此教育实践中，教育者要把学生看成"完全平等的人"，尊重学生的差异，在教育管理过程中，"和善而坚定"地对学生进行教育，让每一个学生把生命中的爱和亮点全部展现出来，"做最好的自己"，实现"我之为我"的生命价值，为社会、为人间焕发出自己独有的美丽光彩。

在学校这个生命场域，教师通过教材等工具促进学生成才的过程，同时也是教师自身价值得到实现、生命质量得以提升的过程。这是一个双向的促进师生共同成长的场域。一所学校因为师生的共存而有了它独特的生命力，因为师生的相互激励而构筑生命的精彩。在这样一个生命场域里，"培养什么人、怎样培养人、为谁培养人"是每一位校长必须要回答的根本问题。教育不仅承载着传播思想、传播真理、塑造灵魂的时代重任，更承载着服务中华民族伟大复兴的重要使命。让服务中华民族伟大复兴的教育使命与担当始终在这个生命场域中，是每一个有教育情怀的教育管理者的追求。

同时，我们应该认识到，在社会高速发展的今天，这一个个独立的生命体，正在成长中的孩子的成长环境、涉猎的事务已然发生很大改变，我们不能再停留于用"满堂灌"式的方式将知识传授给他们，我们更不能用粗暴式或者教条式的管理方式对待他们。

怎么办？

教育家魏书生说："人不能要求环境适应自己，只有自己适应环境。"只有先适应环境，才能改变环境。我认为，当务之急，我们是要适应这个日新月异的教育环境，认清我们教育对象的变化，正确定位教育和培养的目标，探索适合学生发展规律的教育方式，应势而变，应时而行。

教育始于平等对话

有一天，我收到学生的一封来信。信中说看见保安师傅在男女生宿舍之间的校道上巡查执勤时很辛苦，尤其是下雨天，问学校是否可以修建一个保安亭，避免保安师傅日晒雨淋。

学生的善良有爱让我感动、欣慰，我立即让主管部门跟踪处理好此事。这让我想起了几年前发生的一件事情。一位学生找到我，建议学校在行政楼下大堂外的百年桂花树下的石头上雕刻"一中人"三个字，以增强我们一中学子的归属感。如今这块雕刻着"一中人"的石头，已经成为每一届毕业生留影纪念的必选景点，也成为众多一中校友归宁的聚集地。

随着时代的发展、社会的进步，学生的民主意识、参与意识明显增强。在教育治理的大背景下，作为学校内部治理主体之一的学生（这里是指中学生），有自己的思想和个性，有自己的需要、愿望、尊严以及人格受保护的权利。他们比成年人更渴求完全的独立自主，更渴望得到别人的尊重。

学生是学校的主人，学校因学生的存在而存在，因学生的发展而发展，因学生的精彩而精彩。所以，近年来我充分尊重学生的意见，多方搭建意见表达平台，畅通沟通渠道，以真诚、平等的态度鼓励他们多提意见、提好意见。同时我们也及时地处理他们的意见，在最短的时间内给他们以最满意的回应和答复。我很欣慰地看到，在不断的平等对话的过程中，在让他们如此积极主动地参与学校事务的过程中，他们对学校管理越发理解、认同，对学校也越发热爱。

学生是学校中平等的成员，是参与计划、解决问题和实施变革的成员。我们应当引导并确立学生成为学校管理活动的参与者和自我管理的主体，真诚地听取学生的意见和建议，创建学生、教师、学校和谐发展的生态圈，把学生当作与自己平等的人来看待，充分发挥学生当家做主的尊严和权利，鼓励学生参与学校决策和管理。

真正的教育需要面对真实的学生。真实的学生出现在校园里的前提是师生平等的校园氛围。尊重、包容、倾听弥漫在课室里，爱、帮助、欣赏在校园里灿烂。只有尊重平等的关系出现，每一位学生才会以主人翁的姿态关注校园里发生的一切，以最少的管理和最小的行政权力推动着教育的巨轮。在真实、平等的学生面前，教育才会在每一分耕耘里有着相应的收获！

学生对学校的认同与归属感，是一个教育管理者最大的幸福！

学校事务我参与

"**走**廊上的灯光太暗了，希望校长能帮忙解决。""校长，饮水机坏了，没有开水。""您好，校长，饮水机问题解决了吗？""已经解决了。"一来一往，一问一答充斥着学生会权益部学生们的日常工作生活。问题得到解决，学生们感到很满足；问题未解决，权益部学生们便跟进问题解决的进度。

因为希望创造一个上下信息通畅的校园，我们建立了许多与学生进行直接沟通、交流的渠道和平台，学生会权益部便是其中之一。权益部的回音壁是一项学生会十多年的传统活动，这里提供学生"生长"想法的土壤。

在饭堂，总务处主任迎面走过，边视察工作边问学生："今天的饭菜还行吧？有什么意见尽管提，还要尽快提，早点提可以早点得到解决啊！"在向总务处主任提出要增加饭堂早餐种类前，权益部学生们先开展饭堂问题征集活动，向同学征集办法，再构思策划案。饭堂问题征集活动是权益部回音壁衍生出来的一项活动，真正体现了学校事务学生参与的宗旨。虽然活动开展过程有苦有累，但是权益部的学生都很满足，不仅因为他们提出的问题能够得到解决，更因为他们的想法得到了尊重，因为他们就是一中的小主人。一中校园的点点滴滴，都有他们洒下的汗水与付出，因而他们更加热爱学校，格外珍惜学校的一切。

在教育治理的大背景下，学校内部管理走向多元合作治理，让更多的学校教育利益相关方参与到学校教育的治理中来，建立由校长、教师代表、学生代表、家长代表、社区代表参与的多元合作治理框架。学生作为学校内部治理的主体之一，在一定程度上参与学校治理，是最有发言权的。学校治理就是建立起相关利益方分权的机制，最终要达到这样的境界：凡是在管理中属于直接利益相关方的，就负责行使管理权，即所谓的"既当运动员又当裁判员"。凡是可以放权给学生或家长的，就让学生或家长去处理。我们将班级、学校各类活动的策划权交给学生，让学生参与讨论学校的一些管理。例如，每年都在推行的形象之星、元旦晚会、校运会等大型的学校活动以及班规班约，将管理权下放给学生。把权力分享出去，把信任传递出去，把责任分担出去，就是对每个人主体性的充分尊重，而这份尊重必将释放和激发每个人的创造活力。

让学生在校园里得到尊重，让校园里生长着学生的想法，一个生机勃勃的校园氛围就会诞生，创新精神自然也会在校园里蓬勃生长，学校也会因学生的精彩而精彩！

"105宿舍"的故事

2012年9月开学，"向105宿舍学习"的励志口号传遍校园，并蹿红网络，成为师生关注的焦点。在此鼓舞下，学校每个学生宿舍门前，都贴上了各种各样不同的励志型宿舍宣言："友谊永恒久，精神长流传""人的起点如何并不重要，重要的是你的方向和最后的终点"……这成为校园又一道独特的文化风景线，引得师生争相观看。

"105宿舍"是我们二〇一二届高三毕业班中的男生宿舍之一，该宿舍7人中有4人被清华、北大录取，被誉为"最牛男生宿舍"。难能可贵的是，他们在被大学录取后，仍然心系母校，关注母校的贫困学子。暑假期间，他们开办了一个补习班，把收入所得（7600元）捐给了母校的希望工程，用以帮助更多贫困学子解决生活的困难。因为他们希望以自己的行动回报母校的培养，此举获得一中人的纷纷点赞，也获得了校外无数社会人士的美誉。这种积极好学、无私奉献的精神让人赞叹，他们书写了一中人的传奇篇章，成了金字山下的一个不朽传说，也将成为一代又一代一中学子学习的榜样。

综观此事，这几位学生的成功源于他们的宿舍文化——同舟共济、劳逸结合、求同存异。他们勤奋好学、善于思考，共同打造了温馨和谐、积极向上、团结互助的宿舍氛围。他们平时一起吃饭、一起学习，一起制订了合理的学习计划，有不懂的数学题大家拿回宿舍讨论，在学习上相互督促、相互帮助，共同进步。他们的成功验证了宿舍"雅"文化对学生成长的正向影响作用。

宿舍文化是校园文化的基础。我们一直提倡环境幽雅、举止文雅、品位高雅的宿舍"雅"文化。宿舍文化直接影响每个学生的学习、生活甚至人格的形成。宿舍也是学生们最放松、最本真的地方。良好的积极的宿舍文化不仅能调节学生个人情绪，增进学生身心健康，还能陶冶学生的情操，提高学生的文化品位，增强学生的人文素养。宿舍成员之间的和睦、优雅、积极向上、相互激励与互相帮助的氛围对学生的成长有着积极的促进作用。环境幽雅、举止文雅、品位高雅的宿舍文化赋予了校园文化新的内涵。它以丰富多彩的宿舍文化凝聚和引导学生，以温馨的氛围陶冶和感染学生，以严格的管理制度带动和培育学生，发挥着潜移默化的文化育人功能。大家筑小舍，小舍出大家。以文化育人、服务育人、管理育人为载体的宿舍文化，以润物无声的方式，在和谐的宿舍，用独特的文化，造就温馨的小家，让宿舍成为学生温馨的家园，让学校成为学生的精神家园。

石头上的老师

临近高考，高三（6）班的孩子希望我到班上跟他们聊聊。走进班里，看见熟悉的学生，甚感欣慰。我跟学生聊了两件事。首先我说："你们真幸运，因为你们碰到了好老师。"我列举了他们的任课教师的种种付出，学生边听边点头。接着我开玩笑地问道："你们还有一位任课教师，知道是谁吗？"学生们一脸茫然，于是我指着课室外斜坡上的几块石头问："看到石头上面的字了吗？"他们齐声说："勤、实、恒、静。""对，那是我在2013年提议刻上去的字，这些字代表了我对你们的希望和要求。"霎时间，掌声雷鸣。我充分肯定了学生在过去一年的努力付出："过去的一年里，这四个字一直在提醒着我们学习应有的状态，而你们也是这样做的。这三年里，你们勤奋努力，做到了'勤'。埋头专注的晚修说明你们学习很'实'在。三年的努力坚持到现在，非恒心做不到，你们也做到了'恒'。那么在这么短的时间里，你们唯一要做的就是静下心来，回归基础，等你们把'静'也做到之时，就是你们静如止水、水到渠成的时候了。"这半小时的讲话旨在给学生以激励，也给学生指明了后阶段学习的方向。后来，班主任教师反馈说学生很受启发，很受鼓舞。

这令我想起了当年提议在石头上刻字的那些事。现代社会不断发展，学生获取信息的渠道越来越多，心也不免受此影响，变得越来越浮躁。对学生的教育，我们强调"勤、实、恒、静"，重提刻苦精神，正是要让学生能够静下心来，刻苦钻研学习，养成良好的学习行为习惯。在这个世界上，我们任何人都是靠勤奋而成功的。古人认为"勤乃学之本，无勤则学之无成"。唐代文学家韩愈说过："业精于勤，荒于嬉；行成于思，毁于随。"回看古今中外，大凡有成就者在历史的每一页上，无不用辛勤的汗水写着一个闪光的大字——勤。实践证明，勤奋是点燃智慧的火把。一个人的知识有多少，关键在于他是否勤奋。懒惰者，永远不会在事业上有所成就，永远不会使自己聪明起来。唯有勤奋者，才能在无垠的知识海洋里猎取到真智实才，才能不断开拓知识领域，获得知识的报酬。无论是学习还是工作，勤字当前，因为勤劳是中华民族的传统美德，所以我们将"勤"放在最前面。

"实"是"充实，充满"的意思。学习要求真务实，良好的、务实的学习能力受多方面因素的影响，其中自觉主动是最重要的因素。现在我们已经进入了一个"终身学习的时代"，务实的学习能力对每个人都有重要作用，能够使我们终身受益。

"恒"是"长久，持久"的意思。早在两千多年前，荀子就教导我们："骐骥一跃，不能十步；驽马十驾，功在不舍。锲而舍之，朽木不折；锲而不舍，金石可镂。"一个人，如果不饱食以终日，不弃功于寸金，持之以恒，锲而不舍，必将出类拔萃，与众不同。如果你不是天才，没有超人的智慧，但拥有愚公移山的精神，你一定也可以获得成功。人生本来就是一场马拉松赛，最重要的是跑完，而不是只追求在前头跑得有多快。"贵有恒，何必三更起，五更睡，最无益，只怕一日曝，十日寒。"做人最可贵的，是有志向；学习上最难得的，是持之以恒的精神。九层之台，起于垒土。最可怕的是功亏一篑。只要经过不断堆积，不急不慢，学生最终会超出地平线，成为受人景仰的大山。

古语有云："静能生慧，慧能生智。"这充分强调了学习要静下心来。现在学生存在的普遍问题是心态浮躁，不能静下心来对自己的思维方式做深刻反思，只知道一个劲儿往前冲，却不知如何安静下来。躁动有余，安静不足。《大学》说："知止而后有定，定而后能静，静而后能安，安而后能虑，虑而后能得。"因此，静下心来进行拓展思维深度和改善思维方式的学习和训练，对于适应日益激烈的竞争环境是十分必要的。否则终将被社会淘汰，被人类淘汰。

曾国藩说过："勤而有恒，事无不成。"我们的学生要勤于学习求知，把学习作为一种责任、一种精神追求、一种生活方式，同时还要坚持务实担当，要有埋头苦干、顽强拼搏的奋斗精神，努力成为可堪大用、能担重任的栋梁之材。读书学习贵在勤奋、贵在钻研、贵在有恒。古人潜心读书有四种境界：第一种境界，"孤舟蓑笠翁，独钓寒江雪"——读书要静得下心来，耐得住寂寞，心无旁骛，潜心铸剑，"板凳甘坐十年冷，文章不写半句空"；第二种境界，"采菊东篱下，悠然见南山"——读书不仅要坐得下来，还能读得进去，读进去了就会沉醉其中，废寝忘食，乐而忘忧，"春风得意马蹄疾，一日看尽长安花"；第三种境界，"会当凌绝顶，一览众山小"——书籍如巍峨的高山，绵延不尽，当书读到一定程度，就会高屋建瓴，对事物有更深刻的认识和理解，古今多少事，一切尽在灵心观照之中；第四种境界，"欲穷千里目，更上一层楼"——人生有限，学海无涯，读书永无止境。读书读到最后，就会养成终身学习的习惯。

我的舞台我做主

又到辞旧迎新之际，让人快乐又让人头痛的元旦晚会又来了：学校要求每年主题不同，今年又该选什么主题呢？有高质量的新节目吗？该挑选怎样的节目？学生喜欢教师挑选的节目吗？雪上加霜的是，最近音乐教师开始抱怨主办晚会耗费太多的时间和精力了。思来想去，我决定尝试让学生来筹办元旦晚会。

于是，我开始召集德育线的同志开会，建议他们把主动权交给学生，让学生会全权负责策划与筹备，只要相关教师把好关就行。接下来，学生会的干部开始组织学生海选、排练，并着手设计舞台，联系领导和教师，忙得不亦乐乎。按照安排，晚会如期进行。这是我校第一个学生独立自主筹办的晚会，导演、主持人和舞台设计都是学生，节目内容丰富多彩，都是年轻人喜欢的风格，学生们高兴极了，现场气氛热烈，简直是盛况空前。但学生毕竟是第一次自主筹备晚会，其中也有一些不足的地方，如流程稍有点乱、个别主持人有点怯场等。但与整台晚会的良好效果来比，无伤大雅。

第二年的元旦晚会，我继续坚持让学生来筹办，因为晚会主要是办给学生看的，学生才是晚会的主人。学生会由原来的主办者变成了领导者。他们开始在全校招募导演组，由导演组出方案，参加竞标，中标后开始节目海选，实行分类选拔、自由组合、自我排练，在完成基本工作后再去联系音乐、舞蹈教师进行指导，后由德育线的干部参与"政审"，"政审"通过后开始编写串词、设计舞台及后台工作等。在整个环节中，学生仍然是主体，学校只是主导。最难得的是，它可以让更多的学生参与进来，让更多的学生有上台出彩的机会。本来，学校是培养人的地方，组织各类大型的活动是常有的，不能仅仅给能歌善舞的孩子搭建平台，也要让那些不会唱歌跳舞的孩子有锻炼成长的机会。让他们自己做主，自我管理，就能出现更多的导演、主持人，更多的道具、音响人才，更多的领导和组织人才，甚至维持秩序的组织型人才。

事实证明，一场元旦晚会的放手既增强了学生的自主管理能力，又丰富了学生的管理角色，让更多的学生在这场集体活动中学会承担责任，懂得服务学校。这场自主体验的活动充分调动了学生的积极性，培养了学生的主动性和独立性，给他们提供了自我创造的空间和可能性，把想象的空间留给了学生，把判断的权力让给了学生，把表达的自由交给了学生。这一个元旦晚会的改革，让学生有更多的参与学校管理的机会与行为，真正体现了学生管理的自主性，增强了学生对学校的认可度，使学生真正成为学校的主人。这种自主体验式的活动让学生学会求知、学会做人、学会健体、学会审美、学会生活、学会交往、学会劳动、学会生存，促进了学生自主意识的觉醒、自律素养的提升和自主精神的张扬，使越来越多的学生在学校找到成功和自信，越来越有机会做最好的自己。

一所学校，因学生的存在而存在，因学生的发展而发展，因学生的精彩而精彩！学生的成长需要舞台，我们要给学生创造更多的锻炼机会与成长舞台，让他们真正成为学校的主人，成为祖国未来的主人！

我们明天再跑

　　天，一位学生来到我的办公室，非常有礼貌地说"校长好"。我在脑海里快速地搜索着这位身躯健壮、短发干练的学生。看着我疑惑的眼神，他告诉我他是在校学习一年后转去澳大利亚读书的苏同学。哦，原来是他！我顿时心里暗暗感慨：士别三日，当刮目相看！

　　印象中，苏同学在校时身体素质较差，总爱耍小聪明以各种理由推脱跑步，老师拿他没办法。今天，他怎么如此健壮？面对我充满疑问的眼神，他笑了："校长，是不是有一种刮目相看的感觉呢？"我含笑不语，他说在澳大利亚，学校也是每周都例行跑步。刚到澳大利亚，他也像在国内一样用诸如肚子疼、头晕等借口来逃避跑步。每次提出来，指导老师就走过来，非常和善地说："你可以先休息下，我帮你倒杯水，别担心，我们明天再跑。"第一次他还为自己的小聪明沾沾自喜，可是到后来，他自己都觉得不好意思了。每当他想找借口逃避时，眼前总会浮现那位老师和善的笑容。渐渐地，这位学生不仅没有再找借口逃避跑步，而且渐渐爱上了跑步，爱上了运动。

　　这就是典型的"春风化雨，润物无声"。处在教育管理岗位的我，突然更加深切地感悟到我们所提倡的"和善而坚定"的德育理念。我们的班主任在面对这种情况时，往往是当场揭穿学生的借口进而严厉惩罚这种行为，或是不理不睬，任其发展。澳大利亚的那位老师在面对孩子耍小聪明时，没有揭穿谎言，也没有说教，更没有惩罚，而是以非常尊重的态度对待学生，在关心他的同时表达了"明天再跑"的明确意向与决心。"和善"的意义就在于我们向学生表达了对他的尊重，让他愿意接近我们、信任我们，而非抵触我们。"坚定"的意义则在于尊重学生现状的同时也向学生表达了我们坚持原则的决心。独断专行的方式缺少了和善，而娇纵的方式缺少了对原则的坚持。

作为教育管理者，我们应和善对待每一位学生，关心爱护他们，宽容理解他们，让他们感受到来自老师的尊重与爱护，促使他们身心健康、有个性地发展。同时我们也应坚定教育学生的原则，教育学生尊重规矩，遵守规矩，培养学生的责任心与担当精神。当今社会，讲规矩、重契约是依法治国、社会稳定的基础，规则意识和契约精神是人类社会共同的价值追求。规则意识有三个层次，第一个层次是具备规则的知识；第二个层次是有遵守规则的愿望和习惯；第三个层次是遵守规则成为人的内在需要。只有通过对契约精神的提倡、诚实守信的养成，规则意识才能上升到第三个层次，才能在没有外部强制力约束时，将遵守规则内化为个人的内在需求，外化于个人的良好品质和道德修养。古希腊伟大的教育家柏拉图说过："教育是为了以后的生活所进行的训练，它能使人变善，从而高尚的行动。"无独有偶，英国哲学家怀特海也指出："学生是有血有肉的人，教育的目的是为了激发和引导他们的自我发展之路。"我想，"和善而坚定"的教育目的也在于此。

第六章 从尊重开始的教育

花开的精彩

天傍晚，晚霞中的校园格外宁静。按照惯例，我在校园里巡查。高三教学楼后的花园里，两名学生在盛开的小叶紫薇下聊天。看见我走过，跟我打了招呼。我停下来跟她们聊了一会儿，询问了她们目前的学习生活情况。临近考试，孩子们还是有点紧张，我安抚了她们，希望她们能够调整好心态，努力备考。这时，其中一位学生突然指着旁边两棵小叶紫薇问："校长，同样的两棵树，同样的向阳，一样的开花，为什么有一棵开得特别茂盛艳丽，另一棵却开得温婉娇嫩呢？"我微微一笑，说："你们看，这两棵小叶紫薇，无论是开得艳丽还是温婉，都一样漂亮。每一朵花都有自己开放的姿势，都是以自己最美的姿态展现的，都是独一无二的，它们都在做最好的自己呢！正如你们一样，你们每个人都是独一无二的个体，每个人都有自己的优点，都有自己盛开的方式。你们只要努力地盛开就好了，所谓'你若盛开，清风徐来'就是这个道理。"聊了十几分钟，上课铃响了，孩子们心情愉悦地回到教室晚修去了。

是啊，自然界的每一棵草都会开花，它们在不同的时间与空间演绎着生命独有的美丽。个性迥异的学生正像这些花儿，都是独一无二的生命个体，都渴望阳光雨露的沐浴和滋养，都希望如蝴蝶一样美丽地绽放，最终都有着属于他们自己的精彩。正所谓马儿善跑，鱼儿善游，鸟儿善飞。我们每个人都有自己相对的优势智能。做最好的自己就是要适性扬才，让每个人充分发挥自己特有的优势。我们每个人生而不同，天赋和潜能不同，所以不能用统一的标准去要求自己。但是，我们可以最大限度地激发自己的优势潜能，创造无数个属于自己的第一。无论是作为家长还是作为教师，首要的责任和义务就是帮助孩子认识自己，发现自己身上的闪光点。同时，我们也要鼓励孩子和自己比较，一次又一次地超越昨天的自己，坚持每天都进步一点点，让自己成为今天最好的自己，努力让自己的每一个今天都有收获、有进步，这样孩子才能得到最好的成就，做最好的自己。

"世上没有两片相同的树叶"，承认差异、尊重孩子、相信孩子、鼓励孩子，无疑会增加他们的自信心，减少其内心的自卑。人性中最本质的需求就是渴望得到尊重和欣赏。我们要学会用欣赏的眼光看待每一个孩子，尊重孩子成长发展的规律。我们的每一次点头、每一个微笑、每一个眼神、每一句表扬就如同一场场知时节的好雨，赋予幼苗向上的信心和生长的力量。我们应该是孩子成长中的守望者和激励者，当我们把关注点放在孩子的成长上，当我们站在孩子的立场，用孩子的眼光去看待问题时，我们就可以给孩子更大的发展和成长的空间。每个孩子的心中都有一粒种子，我们要默默地呵护、帮助他们，待他们成长到开花的那个节点，自会领略生命的精彩。种子变成花朵是一个神圣的生命旅程，它是大自然所给予的——生命不息，花自盛开。放眼自然，没有一朵云，没有一棵树，没有一朵花是不美丽的，所以人也应该是这样。每个生命都应是舒展的，因为舒展才能独特，因为独特才是有趣的，才是美丽的。让我们用欣赏的眼光看孩子，多些宽容和期待，少些批评、指责和否定，陪伴每一个孩子绽放精彩！

赏识和发现

前不久，我应邀去市内某镇的中学做"教师要走专业化成长之路"的讲座。在与教师们聊天时，有人说："唉！不是我们不想好好教，是我们的学生实在太差了，没几个会读书的，优秀学生真的太少了！"

听完，我忍不住问了一句："那你们觉得什么样的学生是优秀学生呢？只有成绩好才算优秀学生吗？"他们没有出声。我顿了顿，又继续问道："你们学校的初中毕业生中，一年有多少人能考上市内最好的重点高中？"他们告诉我："大约二三十人。"我再问："那学校的一届初中毕业生一共有多少人呢？"回答："有五百多。"于是我说："如果大家认为会读书的学生才是优秀的学生，那剩下90%多的学生都是不优秀的了。难道这一届又一届的90%的学生当中就没有人才吗？事实并非如此，这一批又一批的毕业生最后多数留在中山工作，他们在各行各业里奋斗着、打拼着，每个人都占有一席之地，都在为社会做出自己的贡献，怎能说他们不优秀呢？"

由于现实的原因，目前我国基础教育的资源并不均衡，类似此镇中学情况的学校还有很多，持有与上述教师相同看法的人更是不少。如何教育和培养更多的优秀学生？这是摆在我们每个教育工作者面前的一道难题，也是扛在我们肩上不能推卸的一副重担。我认为，其中关键在于我们如何来理解教育和看待学生。

教育是关乎人的事业，是生命与生命的对话，是一个复杂而长期的过程。作为基础教育工作者，我们需要的是对学生进行悉心的浇灌，是宽容地、慢慢地等待，而不是以考上重点高中或大学为标准来做终结性的评价。每一个学生都是一个独一无二的生命个体，他们有着各自的爱好和潜能：有的热爱音乐，有的擅长体育，有的喜欢美术，有的学习能力强，有的创新意识好，有的合作素养高，可以说各不相同，各有精彩。我们又怎能用同一个模子去衡量他们呢？作为引领学生成长的师长，我们更应该关注每一个个体的成长，应该根据学生的不同情况来帮助每个学生找到最适合的发展道路，为他们提供健康生长的良好环境，让每个学生都来有所学，学有所得，得有所长。

我们教师备课、上课不能"就事论事"固定化，更不能为了完成教学大纲的要求形式化或者"套路"化，而应力争使课堂教学丰富多彩，课堂互动形式多样，让学生产生学习的"动能"，进而掌握丰富的科学文化知识。教师在教学中要更多地关注学生，开发学生潜能，改进教学的形式和环节，如在教学形式上重视小组合作学习和讨论，努力培养学生的多种智能，促进学生的全面发展。个人以为，小组合作学习非常利于人际智能的培养，它把不同性格特长的学生组合起来，让他们在相互交流中学习，在彼此合作中竞争，在互相监督中进步。更重要的是，这种方式影响的不仅是学生的学习，还有他们的生活、思想和情感。

倘若我们每个教师都能全身心地投入，那我们的师生关系便有了一块教学相长的理想土壤，我们的教育也必将造就一方美丽的天空。

第六章 从尊重开始的教育

135

学生可以这样教育

为了学校的秩序，更为了学生的健康成长，学校都少不了学生管理制度。这些制度的执行必须公平、公正，来不得半点含糊。但是，处理方式的不同却会导致教育效果的不一样。

许多年前，曾经有位学生，因为带手机入校被老师发现，按照规定，必须告知家长，与家长共同商定教育措施，如有再犯，必须受到处分。

事情查实后，学生认错态度好，但是他请求老师延时处理，给他一次机会，因为妈妈正在生病，爸爸生意失败，他不想在这个时候让父母伤心。学生的坦诚让老师感受到了延时处理的必要性，但是学生违反了校规，他必须要为自己的行为负责。于是，老师和学生商量了一个折中的处理方法：既让他父母接受，又让他承担了自己所犯的错误。这样，教育的效果就不一样了。孩子的成长，也因为我们选择孩子可以接受的教育方式而收到了不一样的效果。

我常常在思考，有没有一种教育，能够远离"盲目竞争"，让家庭、学校回归爱与欢乐、尊重与合作？有没有一种教育，能够远离"惩罚"，让孩子的个性和生命自然地盛放呢？两年前，我偶然看到了《正面管教》这本书，出自美国杰出心理学家、教育家简·尼尔森之手。身为7个孩子的母亲、18个孩子的祖母，简结合亲身经历从专业的角度讲述了三种不同类型的教育方式，并提出"和善而坚定"的教育理念。她认为这是对孩子成长最好的教育，因为"和善而坚定是正面管教的根本"。基于对这一概念的理解，教师应当学会观察学生的行为动机，理解学生的感受，尊重学生对归属感和价值感的追求，以"不带诱惑的深情和不含敌意的坚定"为准则，采取恰当的教育方式。"和善"强调的是教育过程中的平等、尊重、沟通、友善与合作，"坚定"强调的是着眼于学生良好的综合素质与长远发展的教育目标和方向。教育过程中如果只"和善"不"坚定"，就是娇纵；只"坚定"不"和善"，就是压制。前者带来被宠坏的小淘气，后者制造反叛与抗拒，两者都是教育的失败。从2013年开始，学校把"和善而坚定"作为德育工作理念在全校推广，我亲自向全校的班主任和中层行政推荐《正面管教》这本书。学校也以此为指导思想，采取多重手段提升班主任的专业能力素养，并编写了《和善而坚定的教育》一书。

《中学生日常行为规范》以及学校的规章制度对学生良好行为习惯的养成，对学校形成优良的校风、学风和教风等都起到了重要的作用。它们是对中学生思想品德和日常行为的基本要求，对学生树立正确的理想信念，养成良好的行为习惯，促进学生的身心健康发展起着重要作用。学生必须遵守学校的规章制度和《中学生日常行为规范》，必须要养成遵守规则、敬畏规则的意识，这是我们做教师要坚守的。但是"人非圣贤，孰能无过"，青少年正处于世界观、人生观、价值观的形成时期，对事物的判断能力相对较弱，在成长过程中出现这样或那样的错误，这是正常现象。作为教师，尤其是班主任，在教育学生的时候，如果方法正确、处置妥当，那么学生乐意接受，就会积极改正错误。反之，则会加剧师生之间的对立关系，使学生在错误的泥潭中愈陷愈深，从而背离教育的初衷。毫无疑问，每一位教师在教育学生时，其出发点都是对学生的关心爱护，但一定要注意处理的方式方法，唯有如此，才能收到事半功倍的教育效果。

教育是慢的艺术，教育是解放心灵，教育是生命与生命的互动，教育让人成为最好的自己。坚定我们的教育信念，决不放弃原则，理解、宽容但决不迁就学生的行为，教育需要等待但绝不是后退。用学生可以接受的方式教育学生，让学生表现出真实的改变过程，这样才能让学生做最好的自己。

早恋那件事

有一天，办公室人员告诉我说有一个知名企业负责人找我，想和我谈谈对学校进行捐赠的事项。我走过去，发现竟然是我校前几届毕业的学生。

我对这个学生印象深刻，是因为当年他读高三的时候，有天晚上被学校的保安发现他和一名女同学交往密切。班主任早就察觉他们有早恋迹象，现在逮了个现行，于是就带着该男生找到了我。按照学校规定，这种违反校规的行为是要受处分的。那时担任德育副校长的我先了解详细情况：原来他们确实互相心生好感，的确有早恋的苗头，但他们也意识到了早恋的危害。那天晚上，两人正在深入交谈，决心掐断此苗头，专心学习。正在伤心难过说分手时，被保安发现了。我选择了相信他的解释，同时也希望他能收拾心情，处理好自己的事情，遵守校规，努力学习。在随后的日子里，他也遵守诺言，认真学习，积极备考，最后考上了一所省内的重点大学。他从大二开始创业，成立了一家小公司，经过几年的打拼，如今公司已有一定规模，他非常感谢母校在他成长过程中的包容与理解，感恩校领导和老师给予他的鼓励与教育，于是回到母校，向母校捐赠。

毋庸讳言，男女生交往过密肯定会带来许多成长问题，也会给学校教育和家庭教育带来严峻的挑战。但是，没有正常的男女生交往，男女生之间没有阳光、健康相处的平台，更是青少年成长中的缺憾。作为教育工作者，要正确认识和处理这一问题，还有许多工作要做。首要前提是需要我们重新思考早恋，让教师和家长以从容的心态面对孩子们身上必然会发生的情感。

生理科学和心理科学告诉我们，进入青春期后，出现异性爱慕倾向的青少年，会主动接近自己喜欢的异性，这种异性之间的好感不但是正常的，而且是必需的。如果一个孩子在特定的年龄没有这样一份特定的情感，反倒是人格不健全的表现。长期以来，我们把男女同学之间相互倾心以及交往频繁定义为"早恋"，于是从家长到教师都视之如虎，以粗暴的态度训斥孩子，限制孩子的交往活动和范围，只禁不导，以这样的方式来教育，教育效果自然就大打折扣了。

"早恋"一词带有否定情感色彩，并且世界范围内只在中国大陆被广泛使用。近年来，为了让孩子们能够正常交往、健康发展，我们除了变革学校的管理行为之外，还立足于青春期课程建设和青春期课程开发，在每个年级都开设了青春期性教育课程，从知识的储备上为孩子们健全人格的塑造创造条件，引导孩子们正确认识这种情感。

我校"一体两翼"的办学特色也为男女同学的正常交往搭建了平台。青少年好动好胜，对文体活动、科技活动和各种比赛活动有着广泛的爱好和兴趣，学校近30个社团组织不仅让学生们有了非常多的收获，还让处于青春花季的少男少女们有了正常的、被认可的交往平台。一方面我们鼓励孩子们积极参加各种活动，丰富他们的精神生活，让他们把兴致、注意、精力都转移到活动中，转移到竞争中，转向渴求知识、发展智力、增强体质方面，转移到追求崇高的精神生活方面上来。另一方面利用活动中健康、宽松的男女同学交往的环境，让他们在集体活动中进行正常的情感交流，增加对异性的了解，逐步培养对异性的正确态度和纯真的关系，把握与异性交往的分寸，锻炼理智分析和冷静控制情感的能力。

在这个年龄成长必需的养料中，孩子们需要异性欣赏的目光、赞叹的口气和认同的掌声，来自异性的提醒、协商甚至批评，有时更容易让他们收敛、妥协甚至改变。只要我们以一种平常的心态来对待，能够不时地给予他们一些指引、信任和鼓励，并对他们进行适时的提醒，他们的交往都会是正常的，而且是有助于成长的。

让学生当裁判

"**校**长，体育老师吹黑哨，我们班投的那个球是有效的，可是……"有一天早上打开校长信箱，看到这样一封学生来信。学生在信中投诉体育老师在前一天的学生篮球比赛中判决不公，而且从"专业"的角度分析了他认为裁判不公的原因。这封信让我对这位学生的专业功底折服，同时也让我陷入为难。为难的是类似这样投诉裁判的信已收到好几封了，每次学生的比赛都由教师来评判，教师的误判结果最终就成了校长终审、裁决。若校长误判了，又该由谁来评判呢？既然有专业功底如此深厚的学生，我们为什么不让学生自己担任裁判，来评判自己的比赛呢？当他们出现误判时，再由我们的专业教师去评判。这既能给教师、管理层减负，同时又提供了一个很好的平台让有裁判兴趣的学生得到很好的锻炼。此建议得到了体育科组和学生们的一致支持。此后，我们学生的比赛活动包括校运会都大胆地引入了学生裁判，并成功培养了一批优秀的学生裁判。从校运会的报名到训练，从秩序册的拟定到开幕式的筹办，从文明监察到技术裁判，赛事的各个环节都让学生参与进来，甚至整场运动会都由学生来设计、组织。这样不但能培养和锻炼他们的自主管理意识与能力，而且也能充分体现学生的主体地位和树立他们的主人翁意识。

学生自主管理是学生在教师的积极引导下自行发现自我价值、发掘自身潜力，形成适应社会发展和推动个体与社会发展的意识和能力的一种教育管理模式。学生自主管理是一个社会实践过程，也是学校励志教育的一种体现。让学生参与到工作的决策如检查监督、总结评比等工作中，既能激发和唤醒学生的内驱力，又能使学生在了解各种工作各环节的基础上明确自己应该承担的各种义务。只有这样，学生才会更具有主人翁意识以及高度的责任感，从"被成长"中产生生命自觉，用自己的力量成长，最终达到成人成才的目的。

值得指出的是，实施学生自主管理教育，并非是任由学生自由发展。在教育过程中，教师的引导作用不可忽视，也就是说，教师的监控要与学生的自主管理和谐统一。在不超出学生当前心理承受能力、自我调节能力的范围内，凡事教师都要敢于"放"；在学生误入迷途难以自拔时，教师要及时"收"。只有教师收放得体，学生才能具备积极性和创造力，才能闯出一片既有益于自己又造福社会的天空。

苏联著名教育学家苏霍姆林斯基曾说："真正的教育，就是自我教育。"作为教育者，我们应该提供机会和平台让学生自主管理。放手给孩子是我们教育者应有的自信。也许他们第一次会做得不尽如人意，但相信经过不断尝试后，他们会有新的感悟并得到更大的提高，最终做最好的自己。自主管理让学生在更广阔的天地间展翅翱翔！

拥有三颗心的我们

作为学生，最快乐的事情可能就是放假了。不过，人这一生总要做一些你当时不情愿，但经历了又会觉得不枉此生的事情。例如，每一个一中人都是有梦想的，追逐梦想的路上一定要经历中考、高考，也一定要有一段"正心潜学"的经历。人生就是一次次无法重复的选择！面临高考，我们是去就业预备型学校读书，学习一门就业需要的技术，还是去综合性大学进行学习？这需要我们进行选择。

作为一名曾经的学生，我理解你们想要轻松的N个理由。想要轻松的理由很多，放弃梦想的理由更多，但是看看今年的自学考试吧。今年中山市自学考试考点8个，一中考点有69个考室，每个考室30人！为什么那么多人参加自学考试？这首先体现了社会对文凭的重视，在很多企业单位里，文凭就是一道门槛。比如我校要招聘教师，条件是非常严苛的，一般都要"211"以上院校毕业的应届生，并且学历要求是优秀硕士研究生。同学们要有对文凭重要性的清晰认识和社会竞争的危机意识。

在现实生活中，你不愿意在学生时代吃奋斗的苦，就会尝到未来生活的酸。"学习"，这个从小听到大的词语，也许你已经听出"茧子"来了，实在是不想再听了，但不听它就不存在、不需要了吗？显然不是，2018年，一流大学校长开学典礼致辞出现"学习"一词高达381次，可见学习在大学中的重要性，更何况是为大学学习奠基的中学呢？在中学阶段，学习更应成为中学生的主要任务！

一只老鼠无意中掉进了一个米缸，老鼠自然不会放过这飞来的口福，在米缸中吃了睡，睡了吃，日子一天天悠闲地过去了。老鼠也曾为是否要跳出缸去进行过思想斗争与痛苦的抉择，但终究未能摆脱眼前白花花大米的诱感，它认为这些米还可以让它活很久。直到有一天米缸见了底，它才发现自己就是想跳出去，也没有这个能力了。同学们，当你周围都是米的时候，你很安逸；当有一天米缸见底，才发现想跳出去却已无能为力。有一种陷阱，名叫安逸！不要在最能吃苦的年纪选择安逸。没有危机就是最大的危机。混下去很容易，但混上去却不容易！

同学们，我们要清楚地知道自己现在在哪里，我们未来要到哪里去，要清楚自己努力的方向。努力的过程就是修心的过程："决心、专心、恒心。"第一，调整情绪，直面高考。不做别人奇迹的见证者，要做自己奇迹的书写者。第二，拿出决心，挑战高考。经得起打磨，耐得起寂寞，扛得起责任，才能肩负起使命，这样的人生才会更有价值！第三，适应高三生活节奏，忙而有序。要养成有规律的学习、休息和锻炼习惯，有高三生活的节奏感。专心学习是赢得高考最重要的选择。第四，了解高考，赢得高考。高考是选拔性考试，人人都有上学的机会，但是顺利进入好大学并非人人都有机会。"一分耕耘，一分收获。"我们想要考上一所好大学，就必须刻苦努力，就必须脚踏实地地走过这段"旅程"。高考是限定时间、规定题量的考试，所以我们平时要加强限时训练。高考是按原始分计分的考试，原始分计分就意味着是对学生综合能力的考查，每一个科目都很重要，所以我们要注意细化分析弱科强项、弱科弱项，努力补上薄弱科目，学好每一科的基础知识与基本技能。高考大部分是笔试（除英语听说考试以外），同学们在勤动脑的基础上，要多动手、勤动笔，动笔才是思维的真正开始，靠多"写"来锻炼思维，获得分数。当然，在"写"的过程中，我们要注意区分学科语言、学科术语与生活语言，同时还要注意表达的语言要有层次性和逻辑性。

在通往梦想的路上，我希望同学们：调整情绪，下定决心；正心潜学，用专心、恒心去实现自己的梦想！用决心擦亮双眼、用专心武装自己、用恒心照亮前程，向着梦想出发！

（此文为2018年对高三学生的讲话）

第六章 从尊重开始的教育

第七章

做最好的教师

徜徉在金字山下，我时常感觉到自己是一个幸运而幸福的人。因为，在一中这个大家庭里，有一批爱岗敬业、好学善教、有教育理想的教师迅速成长起来，他们是一中未来发展的动力和源泉。

站在讲台上的一中教师，有着不同的讲课风格，但他们对自己的学生有着相同的关爱之心；走下讲台，一中的教师拥有各自的家庭和生活圈，但他们对自己的学生有着相同的牵挂。上课下课，仿佛永远只是属于学生的时间。

从成为一中的教师那天起，他们努力忘记着"小我"，铭记着"大我"。他们用自己的辛勤付出，浇灌着校园里的每一寸"育人沃土"。他们发挥着自己的聪明才智，托起在一中求学的孩子们的梦想。

周末的校园虽然少了学生的身影，但办公室总会出现教师加班的身影。他们中绝大多数为人夫，为人妻，为人父，为人母，他们像现实中的凡夫俗子一样，要操心儿女的成长，要侍奉老去的父母，会焦虑物价的上涨，会担心房价的日益昂贵……但他们又与现实中的凡夫俗子不一样：他们对教育的热爱，使他们的生活与学生的喜怒哀乐紧紧相连。他们既平凡又不平凡的生活宛若一首情感真挚、措辞平实的小诗，静静地镶嵌在纷繁华丽的现实背景中，透露出一种坚持的力量与感动，他们一直在追求卓越，做最好的自己！

心中有梦，脚下有路

马丹霞，青年教师代表。2010年，这位快言快语的华南师范大学女孩儿来到中山一中，她教历史，我也是历史老师，所以很自然地与这位新手历史老师成了"搭档""师友"。

踏上三尺讲台的第一年，她热情满满，将研究生课程所学的理论在课堂上加以运用，把课堂演变为各种理论的实验田，但效果并不理想。几轮打击后，马老师一边听我和一些老教师的课，一边反思，结合自己的思考和理论基础，改进自己的课堂，她把自己从课堂主角的位置上撤了下来，让学生成为课堂教学的主角。

历史学科关注的是过去已经发生的事情，这些事情的发生基于当时的生产力水平、社会发展以及人们的思想认识水平的时代大背景，放在今时今日理解起来有困难。而学生的学习是根据自己的经验背景，对外部知识进行主动的选择、加工和处理，通过新旧知识经验间的反复的、双向的相互作用而建构成自己的知识。这个过程需要以相当数量的史料作为媒介来了解与探究历史人物和历史事件。我建议她以史料教学为突破口，在课堂上呈现角度各异的史料，不断锤炼学生的概括、归纳能力，引导学生"论从史出，史论结合""有一分材料说一分话"。从此，她的课堂不再追求课件的花哨，也不再追求语言的搞笑幽默，而是踏踏实实，高效实在。学生眼里的疲惫与迷惘逐渐被热爱与了解所替代，成绩稳步提升。更重要的是，学生喜欢上她的历史课了，也开始学习历史学科的思维方法。马老师以"史料教学"为突破口，不断深入研究，逐步确立了"以学法指导拓展教学的宽度，以史料教学增加课堂的厚度"的教学信念。美国心理学家波斯纳提出教师成长公式：教师成长=经验+反思。马老师通过反思自己日常的教育教学以及在备课组教师的帮助下，从初入杏坛的懵懂无知，开始思考她自己的教学风格。

2012年，马老师开始任教文科实验班，实验班学生的知识面更广阔，思维也更活跃，这意味着她面临的困难更大、更多，也意味着她需要改革她的教学方式了。此时，她借助了两个平台，打破了自己舒适区的枷锁，开始了教学上的另一段成长经历。第一个平台是学校当时推行的"小组合作学习方式"。她把"小组合作"与"史料教学"相结合，针对不同课型和不同小组的特点，课前给学生提供史料，课堂分组探讨，课后总结提升。教学相长，她不断思考和改变，调整自己的教学误区，如"引用史料不做鉴别""所引史料过于单一""史料与结论不匹配"等问题。另一个平台是2010年我的广东省名师工作室开班，马老师成为名师工作室的一员。在名师工作室里，马老师接触到了来自全省各个重点中学的著名教师。这些教师优秀的教学风格、新鲜的教学理念、先进的教学技巧，让她立足本校而放眼全省，让她知道历史课的深度与高度是来自平时的读书、写作，厚积薄发，功不唐捐。与名师对话，与名师同思，与名师同行，与名师同步，让她主动逼迫自己认真总结反思：哪些方面是自己远远不足的，哪些是可以"纳为己有"的，哪些是她"邯郸学步"的，最终沉淀下来的才是她自己的。这一切都极为迅速地帮助她得到了极大的提升。

科研是教学的"活水源头"，是专业发展的重要阶梯。马老师细心地记录了她在名师工作室的点滴感受与感悟。她积极参与课题研究、公开课、命题比赛、论文比赛等活动，均取得了较好的成绩。马老师和我分享时说：研究生时读的理论，是"知其然不知其所以然"，而教学实践与科研总结，则是"知其然"也理解了理论的"所以然"。

"高考的高分只是教学的显度，而高考完毕后的十年乃至二十年，学生假如还能记得你课堂上的某句话或者某个观点——这剩下的片言只语，才是你对学生教育教学影响的全部。"老子说过："有道无术，术尚可求也。有术无道，止于术。""我们是属于教书匠，还是教师？我们的成绩是道，还是术？脱离了成绩，我们还有什么可以给学生？"带着这样的反思，2015年，马老师又回到了高一年级，针对"00后"孩子个性突出、思想前卫，接收的知识纷繁复杂，接收的途径五花八门等特点，她以建构主义学习论为基础，以史料创设情境，以问题为导向，以共读经典好书为平台，以辩论赛、现场

147

作画（画思维导图）等活动为抓手，以时事政治、学术动态、影视作品等为载体，张扬历史课堂活力，迸发历史学习魅力。学生们也没有辜负她的期望，参加市学生命题比赛获得了史上最佳成绩。同样，学生们参加市里的"中学生写史大赛"又大获全胜，成绩傲人。这一切都让她感受到了"术"的重要性，"授人以鱼，不如授人以渔"，传授方法远比知识更重要。

2016—2017年，马老师成为卓越教师工作坊第一期学员。在华东师范大学教育部中学校长培训中心副主任刘莉莉教授的指导下，她再次反思成长。在班级管理方面，她有意识地增加了电影《无问西东》的经典台词："愿你在被打击时，记起你的珍贵，抵抗恶意。愿你在迷茫时，坚信你的珍贵，爱你所爱，行你所行，听从你心，无问西东。"在历史课讲授方面，增加了吕碧城的"不遇天人不目成，藐姑相对便移情"，增加了"女生应该有'三独立'——独立的工作、独立的薪水、独立的人格"。马老师的课堂不禁有了这样的感慨："1982年获得诺贝尔文学奖的《百年孤独》，是整个拉丁美洲被隔离在世界发展潮流之外的'百年孤独'。"还有了"神不正义，人该怎么办"的辩论，有了学生更多的追问……学生争先恐后地找她问问题、聊人生，还亲切地叫她"丹丹姐姐"，甚至有一名学生考上了北京大学外语系，还有勇气听从自己内心，选择历史作为专业……2018年的高考，她的班级有6个学生的成绩进入全省前70名。

从初涉讲坛的新手到名师工作室成员，再到卓越教师工作坊成员，马老师一直在为"形成自己独具特色的教学风格"的信念而努力。很庆幸，在中山一中，有一批像马老师一样有梦想、有情怀、有思想，善于学习、善于反思、敢于实践的青年教师，他们热爱教育，热爱一中，用自己的实际行动诠释"追求卓越，做最好的自己"。

淡淡花开生墨痕

对于很多中青年教师来说，专业的引领、平台的搭建非常重要。郝友斌老师是一位优秀的中青年教师，在三尺讲台上执业二十载。他说，周而复始的备课、上课、批改作业、处理班级事务，每天面对的就是学生、课本、教辅资料，用高考的"指挥棒"引导学生答题，获取高分。虽然每年所带班级的语文成绩都很不错，也有过短暂的喜悦之情，但内心总感到少了些什么。

为帮助如郝友斌老师一样进入职业瓶颈的教师，我们成立了"卓越教师工作坊"。我亲自担任班主任，聘请华东师范大学教育部中学校长培训中心刘莉莉教授亲自授课，让郝老师与专家面对面地进行思维碰撞，进行跨省同课异构、课题汇报以及学习总结。工作坊一系列的培训项目激活了他内心渴望成长的引擎。

"如果没有作为卓越班成员赴江苏省参加'同课异构'教学研讨活动，就不会有论文《'像山那样思考'事理情呈现技巧赏析》的获奖与发表，也就不会有后来更多的论文写作与发表；如果没有在卓越班进行课题分享，就不会有课题'高中时评写作教学实践研究'获得市级重点立项，也就不会有精品课程'时评写作'获市一等奖，也就不会有后来'一师一优课、一课一名师'课例《为自己的评判写出分析和理由——追问，把时评引向深刻》先后获得市级、省级、部级优课；如果没有在学校提供的平台上做讲座和分享，就不会有连续几年面向全市高三语文教师做专题讲座，也就不会有后来作为中山市高中语文教师代表赴云南省昭通市指导高考备考做'语文学科高考备考建议'的专题讲座。没有这些，我就不会获得市级'学科带头人'荣誉称号。"郝老师说，漫漫人生路，在职业成长的瓶颈期获得发展的机会，是机遇，更是幸运，成为卓越班的一员，便是他的机遇和幸运。

在促进教师专业成长方面，除了打造合适的平台给他们，我还一直鼓励教师多阅读、多写作，开展读书活动，创办教师专业刊物。我告诉他们："一个不读书的教师，穷其终身，也只能是一个教书匠。而有着一定文化积淀的教师，教学时间未必太久，年龄不一定多大，却可以快速成长。唯有读书才能获得教育的智慧，唯有读书才能从教书匠跨越到教育者的行列。"

读书是精神的修行。对于教师而言，读书不仅是精神生活的重要内容，更是专业成长的"加油站"。作为教师，我们应该读这三类书：一是教育理论著作，如《教育漫话》《教育心理学》等。教育理论著作是教师立身、发展的基础。没有一定的教育理论修养，我们的教育活动、教育探索可能会走许多弯路，甚至错路。二是自己的学科专业著作，了解自己学科最新最好的教育教研情况。读学科专业著作，可以开阔教师的视野，启发教师的思维。三是社会人文著作，诸如政治、哲学、经济、文化、历史、地理、文学、科学等，提升教师的人文素养。

郝老师是语文老师，他阅读了很多教师专业成长方面的书籍，如《教育漫话》《教育心理学》等教育理论著作，王荣生、马正平、孙绍振等学者的学科专业著作。郝老师认为，这些大家的著作是对语文学科领域问题进行长期思考的结晶，是其一生的学术积累。读他们的著作，可以打开自己的视野，启发自己的教学思维。

如果说读书是专业成长的一只翅膀的话，那么教育写作就是另一只翅膀。教学论文、教学反思、教育叙事、学习心得、课题研究等，都是教育写作的范畴。教育写作可谓专业成长的"助推器"，郝老师对此深有感触。作为卓越教师工作坊的成员，郝老师需要进行课题研究。在课题申报和研究过程中，郝老师进行了聚焦式和问题式阅读。阅读了有关写作方面的一些理论著作，如四川师范大学写作与思维研究所所长马正平教授的著作《高等写作思维训练教程》《中学作文教学新思维》，还重新学习了构建主义学习理论。他运用这些理论来指导课题的实践研究，写出相关论文并发表。2016年参加作文研讨活动后写了论文《"作者反馈"——不可阙如的写作教学环节》；2016年和2017年参编了由广东教育出版社出版的《高考作文素材精粹与多向运用》；2018年，论文《春风化雨润禾苗，文化立班育英才》获中山市中小学"教材教法"主题征文一等奖；2019年，发表3篇教学论文。

郝老师告诉我："阅读浸润心灵，写作丰富生命。在卓越教师工作坊学习期间，我对这句话有了更深的理解。"

养成读写习惯是需要一些外在机制来推动的，因为每个人都难免有惰性。专业的成长不仅要靠自身的勤奋和努力，更有赖于学校提供的成长环境。制度引领是教师专业成长的孵化器，外在的激励是教师专业茁壮成长的沃土。我想，在中山一中"追求卓越，做最好的自己"的办学理念下构建的"卓越教师工作坊"，采用激励、开放的方法营造教师发展的环境，将会孵化出更多的教科研成果，催生出更多的教育教学骨干教师或名师。

成长中的"小确幸"

胡韦琳老师说，她是一个很幸运的人。很幸运地进入了湖南师范大学汉语言文学基地班，很幸运地被中山一中的招聘老师选中，很幸运地在教书育人的道路上遇到了许多贵人。

从湖南师大到中山一中，胡老师来一中这个大家庭已经十五个年头。"还记得我当初走出大学校门，只身来到中山的时候，拥有无数个梦想。希望自己一跃成为叱咤风云的教坛新秀，希望自己马上成为人见人爱的学生知己，也在憧憬着自己立刻有白马王子。然而欲求太多，反而让自己心浮气躁，一旦达不成目标，就会不断地问自己：我适合当老师吗？我有这个能力让自己过得很好吗？很幸运地在一中，有一群同行的小伙伴，还有一群引领的老前辈。黄昏时刻，和小伙伴在操场上散步谈心，互相倾诉，互相鼓励。回到办公室，潜心耕耘的前辈们毫无保留、倾'囊'相授。学校更是为新老师开展了很多带领我们走出迷茫的经验分享、读书沙龙等。"胡老师说，在忙碌的工作和生活中她逐渐找到了那份难得的"宁静"，这份"宁静"让她在教书育人的路上行得更从容，也走得更远。

休完产假，胡老师带着全新的心情重回班主任岗位。她用母亲的心态去理解每一个学生，倾注无数的心力去照顾每一个学生。她的付出不仅收获了极佳的成绩，还收获了一大批学生朋友。在两年一度的省班主任专业能力大赛中，她更是一路从市赛走到了省赛。

从代表年级到代表学校，再到代表全市参赛，备赛的300多个日子里，胡老师没有让自己停歇过，阅读了30多本专业著作，熟记了能收集到的所有教育类政策法规、教育学心理学常识、班主任工作理论，反复练习着比赛的各项内容。为了提高班主任专业素养和专业技能，一中成立了以老、中、青各个年龄段的优秀班主任为主要成员的备赛辅导团。辅导团对胡老师进行了专业的理论和技术指导。尼采说："每一个不曾起舞的日子，都是对生命的辜负。"而胡老师的那段翩翩起舞，最终获得了第五届广东省中小学班主任专业能力大赛高中组一等奖第一名，更重要的是，这段经历让胡老师有了更强烈的班主任专业成长意识，对班主任的角色定位有了更清晰的认识，班主任专业知识更加丰富和系统，格局更加宽广，思维方式也更加科学。

成长没有一锤定音，教育没有一劳永逸。胡老师说，班主任的工作没有止境，不停地积累方显深厚。2016年，胡老师成为学校首届卓越教师工作坊成员，让她再次找到了成长的关键点。在刘莉莉教授的指导下，在卓越坊老师的相互砥砺中，胡老师第一次细致地审视自身，发现不足，改进提升。比如，理论欠缺方面，借助各种名家解读来研究《普通高中语文课程标准》（2017年版），系统研读荣维东、孙绍振、王荣生等专家的系列专业书籍，阅读知网上的各种文体研究名篇，仔细记录每一次读书心得。实践不足方面，努力去打造校内外公开课，去参加市高中语文阅读教学竞赛、市高中语文教学基本功大赛，去录制教学微课，去编写教辅资料，去撰写教学论文，去参与省、市、校各级课题研究。她还指导学生去参加各种作文大赛、语文素养大赛、演讲比赛、朗诵比赛等。

所有的积淀，完成了蜕变。2019年，胡老师迎来了第二届广东省中小学青年教师教学能力大赛，并在"温暖团队"的帮助和自身的努力下，获得了省二等奖。

"比赛虽然只获得了二等奖，但人生一半是对完美的追求，一半是对残缺的接纳，而这份不完美会激励我继续前行。一路前行，真心感谢这么多优秀前辈的支持和陪伴。"胡老师说，成长不是变成别人，而是遇见更好的自己。成长中的"小确幸"让她相信，花盛开，香自来。

只为遇见最好的自己

"一生只做一件事，其必卓越。因为专注，所以专业；因为专业，所以卓越；因为卓越，所以遇见了最好的自己。"青年干部陈俊老师说，这是他现在对自己说的话，是对自己从前的自省，更是对未来的勉励。

两年多前，陈俊老师带的新一届学生毕业，因为教学成绩突出，班级管理出色，"群众呼声"也非常高，他成为年级管理团队中新的一员。这个大家极为看好的小伙子，有干劲，有能力，然而任何事物、职能的转变都需要一个过程。

正如他自己所说，接触新的岗位之后，兴奋、激情很快就被现实磕碰得遍体鳞伤。努力着，努力着，还是努力着，然而那段时间，茫然、疲倦、苦恼却总是充斥在脑海，久久不能平复，久久挥之不去。

一个周二值班的晚上，在巡值过程中遇到陈老师，他忍不住向我倒起了"苦水"。听着他在管理中所遇到的困惑，我并没有责怪，而是笑着说："小伙子，我很理解你此时的心情。这些情况，我也曾经遇到过。管理是有方法的，理上要敢管，管多了，自己就得心应手了；情上也要与人为善，彼此自然多一分理解。管理的道路上，首先是专业学科教学第一，让人信服；其次要用制度管理，有理有据；最后要凡事想在前、做细致，行动紧随其后，方能有所进步。"

一次谈心，一次交流，是肯定，更是对年轻干部的支持。我知道，下一次这个小伙子遇事困顿之际，不会束手无策，不会苦恼无助。而且往后的日子，面对年级管理，他会多一分从容，遇事静心；会多一分执着，追求卓越；会多一分思考，力求趋于正面疏导，达成所愿。

事实上，我的"以为"变成了"现实"，陈老师在管理上越来越成熟。比如某一个工作需要教师去实施的时候，他会综合考评必要性、合理性，制订详细方案，有理有据。当一场由他组织的会议，质疑声出，他不是无从应对，不是"溺爱自己"而不为之所动，不会因为步步紧逼、挑战底线而红着脸力争让不悦的气氛蔓延开来，而是抓精要，灵活处之，让矛盾少、懊恼少，让天地宽，让彼此的理性认知替代情感冲突，让接纳而行之战胜推诿。他会寻求有效信息、探求创新方法，为新一阶段教学做出相应调整，让后续教育教学更加明朗，尽最大努力达成目标……

两年的成长和锻炼，陈老师总结管理心得——面对学生，要正面引导，让其明白何可为、何不为；面对教师，要正面疏导，善思如此做了，会达到怎样的预期效果。每一个学生，每一名教师，都有向好的本性，正面引之，不慌不忙导之，定会多一分理解，多一分行动。慢慢地，我们所有的人都不自觉地向着卓越攀爬。

学校实行的扁平化管理，给予了年级行政更多的施展空间，也给年轻的行政搭建了成长的平台，让每一位年级行政能够被淬炼成管理学生、调配教师、带动家长的统筹者，让每一个年级行政可知德育，亦可明教学。

作为学校管理的领头人，我希望每一位成长着的年级管理干部，始终擎着"追求卓越，做最好的自己"的旗帜奋力奔跑，用"正面教育"的育人理念点燃孩子们立身求学的心火。无论从前、现在、未来，不甘平凡，不放弃成长，保有本心，追求心中的卓越，去与心中那个最好的自己相遇。

追求卓越，不负韶华

2019 年11月，在我的推荐下，青年干部张志强老师赴浙江镇海中学参加了第四期"全国中学校长招宝山大讲堂"，上了一节示范课并做了一个微报告。不管是示范课还是微报告，均得到了同行的高度评价。教育部中学校长培训中心刘莉莉副主任在极具专业高度的点评中的多次肯定，让我为这个青年干部感到骄傲，同时也为这一平台的设置和搭建而欣喜，因为教师们确实开阔了视野，收获了"红利"。

张老师2009年从华东师范大学毕业后来到中山一中，刚参加工作时，他只有一个愿望：把课上好。他以为凭借课程与教学论科班出身的专业功底，应对高中的课堂教学应该游刃有余。可踏上讲台后，现实却给了他当头一棒，学科知识的碎片化、教学理论与现实的脱节、真实课堂的沉闷无趣让他由自信变成了自我怀疑。

迷茫之际，他想起华东师大叶澜教授的一句话：一个教师写一辈子教案不一定成为名师，如果一个教师写三年的反思，有可能成为名师。后来每次上完课他都反思：自己对教材的处理是否恰当？课堂的哪个环节还可以怎么改进？为了更好地把控自己的课堂，他买了一支录音笔，每次上课的时候就放在讲台上录下自己的课堂实况。晚上，再把录音导入电脑播放给自己听。刚开始的时候，他甚至怀疑这真是自己的课堂吗？过多的口头禅、语言啰唆、衔接生硬、语速过快……硬着头皮听完后，他找到了努力的方向。第一个学期，他录了近30节课，一次次的录音、播放、暂停、回放，再到反思、改进，他的教学水平得到了提高，课堂把控能力也得到了增强。第一个学期末，一节公开课让他收获了科组长和同事们的赞赏。后来，他又参加了中山市"新苗杯"新教师教学比赛，获得第一名。

2010年10月，中国教育学会生物学教学专业委员会主办的中南六省生物教学研讨会在我校举行。作为东道主，我校可以直推一名教师参加比赛，学校推荐了张志强老师。赛前，在整个科组的帮忙下打磨课例，课件反复修改了十多次。比赛现场，张老师凭借扎实的基本功、新颖的教学设计、活跃的课堂气氛，赢得了评委的一致好评，获得第一名。人民教育出版社生物教材主编赵占良教授对他的课给予了高度评价。

一个优秀的教师不仅要眼中有教材，还要眼中有学生。张老师开始思考如何让学生在课堂学得好。我提出"教练式备考"，要求每位教师要研究高考试题，当一名教练型教师。张老师是一个非常扎实的贯彻者，他做了大量高考真题，系统研究、分类整理、提炼总结，最后总结出一套符合学生层次的生物高考备考策略，并在备课组内做了分享。2016年，广东高考加入全国卷行列，一次偶然的机会，市教研室生物教研员黄增寿老师得知张老师的高考备考策略很有实战价值，邀请他为全市的高三生物教师做备考经验分享。此次的分享交流让他进一步反思，并将教学由关注自己的"教"逐步转向关注学生的"学"。

2017年，张老师成为学校卓越教师工作坊第二期学员。在一次学员汇报交流中，他将自己的高考备考心得做了分享，导师刘莉莉教授听完汇报后，对其备考中的一些实用做法给予了肯定，并指出这些做法要提升层次，需从"道"的方面加以提升。在刘教授的指导下，张老师再次审视自己的备考策略。在反复打磨后，他的备考策略讲座得到了升华。2018年，张老师又在全市高考备考研讨会上分别做了一轮、二轮复习策略的分享。2019年7月，经过选拔，他作为唯一一位一线教师在广东省中学生物教学研讨会上为全省300多位生物教师做了"生物必修模块复习备考策略"的讲座。省教研员杨计明老师听完讲座后鼓励他说："你的讲座既有高度，又极具可操作性，作为一名年轻教师能有这个水平，很了不起！"广州市越秀区教研室、云南昭通市教科所又分别邀请张老师去为高三老师做备考经验分享。

张老师说，学校的办学理念——"追求卓越，做最好的自己"，让他不断地走出舒适区，挑战一些自己原本不太擅长的事情。学校卓越教师工作坊的成立让他突破了职业瓶颈，进一步感受到专业成长带来的自我价值感。

田径道上的"伯乐"

近几年，学校田径方面屡屡传来喜报，市级比赛、省级比赛，甚至全国比赛，一中的学生站在领奖台上的次数越来越多，层次越来越高。这些成绩的取得，与学校的支持、体育教学团队的合作分不开，更与体育科组田径教练刘鹏飞老师的勤奋努力分不开。这个年轻的小伙子，无论刮风下雨，炎热寒冷，都在兢兢业业地带领学生训练。从艳阳高照到夜幕降临，没有一天落下。

同行说，刘老师是田径道上的"伯乐"，发现了很多优秀的"千里马"，而我想说，哪有什么"伯乐"，不过是一个教师不忘初心，砥砺前行，将梦想之光化作点滴汗水罢了。

刘鹏飞老师虽然年轻，但当教练已经十三个年头了，过去几年他培养了很多优秀苗子进高校，再过几个月，他又将送走一批体育特长生。体育单招考试要比高考早好几个月，不同于课室里还在倒计时的学生，他的队员们高考前已经在向各大高校投递报名表，在训练场做最后的专业课冲刺，每到这个时候，他总是睡不好。"因为每一个队员都像是我的孩子，我希望他们身上的光不仅被我一个人看见，而且能在更广阔的舞台上发光发热。"刘老师说。

2007年，刘老师第一次带队参加比赛，只有8名选手参赛，当拿到第三名的时候，他给自己定下三年目标——这就有了2009—2011年的中山市传统校比赛三连冠。为了让一中的队员站上更高的领奖台，他用了四年去申请，在2015年通过选拔赛，中山一中正式加入中国中学生田径协会，往后每年一中的队员有了更多参加省级、国家级比赛的机会。不断追求卓越，挑战自我，是他和学生一直强调的理念，只要相信自己，不断突破极限，每个人都能成为更优秀的自己。

2017年的中山市锦标赛，刘老师带领的队伍终于获得了这项比赛的第一名，在这之前，都是以几分之差和冠军失之交臂，但他深信自己一定能够带领队伍拿下冠军。终于在十年后，中山一中田径队自建队以来第一次完成了一年双冠的成绩——中山市田径锦标赛冠军和中山市传统校比赛冠军。同年，中山一中也正式成为广东省体育与艺术联合会田径后备人才训练基地，成为中山市第一所挂此牌的学校。这一"官方认可"，让他和一中师生十年来的付出开出了鲜艳的"花朵"。

"曾经的我是一名不服输、不放弃的运动员，任教后的我，骨子里的韧劲根深蒂固，我想把最好的队员输送到各大高校。"刘老师曾经带学生到学校周边的水库进行拓展训练，将耐力训练和团体训练融入游戏中，队员们在新的环境中，在训练中游戏，在游戏中学习；在向北京优秀训练队学习后，他将好的训练方法进行改良，根据本校队员的特点开发了许多新的训练项目——用皮筋练习对抗，用轮胎和降落伞练习阻力跑。那些被学生称为"魔鬼的""变态的""有趣的"训练项目，都是刘老师夜以继日不断学习和研究的成果。

只有科学的训练方法才能有效地提高效率。为了能够最大限度地发掘队员的潜能，刘老师积极学习专业基础知识，关注体育学科发展的热点资讯，竭力保持和提升自己的科研能力与业务能力，在多年的体育教育发展中，他不仅是一位领跑者，更是一位参与者。切身实际地参与教育工作和体育实践，让他明白"体育"不仅是字面上的那一项运动，更不是健康知识的说教，其中承载的职能提升和精神温养，才是体育教育自身的魅力所在。

"体育老师也是太阳底下最光辉的职业，我们是这个时代最热血的一群人，正在不断地往前探索。"刘老师说，十三年前，他心怀豪情壮志，以满腔热情弥补经验不足；十三年后的今天，他依旧不忘初心，敬业奉献。他的面前没有三尺讲台，有的是400米鲜红的跑道，手中紧握的秒表就是书写每部青春赞歌的粉笔，他希望每一个队员是赛场上的王者，也是思想健康、学习优良的时代青年。他愿做那个勤勉的"伯乐"，让每一匹"千里马"都能够勇敢驰骋，在追逐梦想的路上，做最好的自己。